住宅ローンで「絶対に損したくない人」が読む本

家と住宅ローンの専門家
公認会計士
千日太郎

日本実業出版社

はじめに

この本は、本当にユーザーのことを考えて書かれた、初めての住宅ローンの「取扱説明書」です。

住宅ローンは金融機関が販売する商品です。商品にはメーカーが取扱説明書を付けます。例えば炊飯器ならば、

・どんな商品か？（美味しいお米を炊くことができる）
・やってはいけないことは何か？（濡れた手でコンセントを触ってはダメ）
・具体的にどんな危険があるのか？（感電する）

などがわかりやすく図解入りで書かれています。

しかし、住宅ローンにはそこまでのユーザー側に立った取扱説明書がありません。さすがに、住宅ローンがどんな商品かはわかるかもしれませんが、「何をやってはいけないか？」「具体的にどんな危険があるのか？」、それを炊飯器と同じレベルでわかっ

ている人は少ないです。

なぜそうなるのでしょうか？

まず、売り手の金融機関は、住宅ローンのパンフレットなどに「耳ざわりのいいこと」しか書かないからです。金融機関は営利企業ですから、「どんな商品か？」「どんなメリットがあるか？」ばかりを強調します。それは炊飯器の場合も同じで、ある程度は仕方がないことではあります。

もう1つは、売り手の金融機関どころか、**誰1人としてこれから来る少子高齢化社会で失敗しない住宅ローンの組み方を知らない**からです。

厚生労働省の人口動態統計の年間推計によると、2019年の出生数は、初めて90万人を下回り、出生数から死亡数を引いた人口の自然減少も、初めて50万人を超えました。これは鳥取県（約55・5万人）の人口がまるまる自然消滅したのと同レベルの規模での減少です。

こんなことは、人類としてそもそも経験したことがありません。

一部の高度な専門家の中には、この少子高齢化社会のリスクを住宅ローンの計画に反映しうる人がいるかもしれません。しかし今のところ、住宅ローンの「取扱説明書」として具体的なやり方を示した本は、これまでありませんでした。

そうした本を書こうとすると、住宅ローンのネガティブな面を書かなければなりませんし、また、とっつきにくい数字の面や理論についても解説しなければなりません。住宅・金融業界に属する専門家は、家が売れなければ食べていけなくなるのですから、こうした本は書きたくても書けないという事情があるのです。

それならば、住宅業界にも金融業界にも属していない公認会計士のわたしが書こう。

本書はそんな想いから生まれました。**他の本よりも数字や理論、法律についての記述が多めですが、どれも少子高齢化社会に家を買う人にとって必要不可欠な知識**です。住宅ローンの「取扱説明書」として、ご使用（契約）前に必ずお読みください。

住宅ローンで「絶対に損したくない人」が読む本　目次

第2章 最低限ここを押さえれば大丈夫
――プロがコンサルティングで実践するシミュレーションのポイント

第3章 実は専門家も答えられない「住宅ローンの金利はどうやって決まるか？」を教えます

第4章

年齢と年収によってここまで違う住宅ローンのリスクと対処法

第5章

これからは「共働き夫婦」の住宅ローンが危ない

第6章 よくある質問「どっちが得か？」にプロが答えます

第7章 知っておくべき住宅ローンの審査の裏側と、破産しないための方法

カバーデザイン　井上新八
本文デザイン・ＤＴＰ　浅井寛子

第1章

営業マンに「住宅ローンをどうしたらいい?」と聞いてはいけない

1 住宅ローンの正解はどこにある？

住宅ローンの金額や金利タイプについて、いったい誰に聞けばいいの？

「住宅ローンはどうしたらいいですか？」
「おすすめはどこの銀行ですか？」

住宅ローンを組む段階で、このように不動産の営業マンに期待して何気なく聞く人が多いです。

しかし、目の前の不動産会社の営業マンに「住宅ローンはどうしたらいいですか？」と聞くのは、**聞くべき相手と質問の組み合わせを誤っているのです**。

そもそも、彼らの仕事は「不動産を売ること」であって、「金融商品や資金計画の専門家」ではありません。営業マンに住宅ローンの相談をしてしまうと、35年の返済計画の大事な舵取りを誤ってしまうリスクをはらんでいます。

では、無理なく返済できる住宅ローンの金額や金利タイプについて、いったい誰に聞けばいいのでしょうか?

わたしを含め、誰もその答えは持っていません。**そもそも、住宅ローンを選ぶというのは1人の人間の能力を超えた仕事なのだ**と思っています。

住宅ローンの期間は最長で35年です。これは、自分の今まで生きてきた期間と同じくらいか、それを超える期間です。自分が生まれたばかりの頃と今では、社会の様子がまったく違います。今、まさにスタートしようとしている住宅ローンは、今ある前提がまったくアテにならないほどに長期間のプロジェクトです。

現時点で多くの専門家が提唱することが、5年後、10年後の社会でも正解である保証はありません。

そのため、わたしは住宅ローンの計画を立てるにあたって、「未来はこうなるから（orこうはならないから）、こういう住宅ローンの組み方がベスト」と決め打ちをするようなやり方はおすすめしません。それが外れてしまうと、大失敗となる可能性があるからです。

住宅ローンを選ぶことは、ゴールが目視できているヨットレースなどの競技で勝つためのライン取りや風読みとは違います。しかし、専門家も含めて多くの人が、このようなレベルで話をしているように思います。本当に必要なのは、太平洋を横断するような大航海で、乗組員を全員生還させるための舵取りなのです。

2 金利ではなく毎月の返済額で判断する

「0・5%」と「1・0%」。倍の差があるかのように感じるけど……

住宅ローンを選ぼうとするときに真っ先に目に入るのは「金利」です。住宅ローンを銀行の商品だとするならば、金利は商品の価格です。銀行はこぞって低金利をアピールしてきます。しかし金利は、わたしたちにとってはタダの数字に過ぎないのです。わたしたちにとってのリアルは「毎月の返済額」なのです。

金利で0・5%と1・0%を比較すると、倍の差があるかのように感じますよね？　しかし、わたしたちが毎月実際に払う金額が倍になるわけではありません。倍になるのは利息の部分だけであり、毎月の返済額では数千円しか増えません。大事なことは、「リアルに自分が毎月いくら払うのか？」なのです。**金利の低さを見て「安い！」と先入観を持ってしまうと判断を誤ってしまう恐れがあります。**

金利はザックリ高いか安いかを見分ける指標としては使えますが、住宅ローンを選ぶ決め手にはなりえないのです。

「%」よりも「円」を見る

「変動金利がいいのか、固定金利がいいのか？」、これは非常に悩ましい問題だと思います。第3章で金利がどうやって決まるのか詳しく解説しますが、住宅ローンの金利は銀行の店頭金利をベースにしており、その店頭金利を決めるのはもちろん銀行です。そして店頭金利は、金融マーケットの長期金利の影響を強く受けます。

しかし、**将来の金利の動向を確実に的中させることは誰にもできません。**個人レベルでいくら時間と労力をかけて調べ、分析したところで、どうしようもないのが金利というものです。

そもそも、なぜ金利の動向を気にするのでしょうか？　それは、ローンの返済額と密接に関係する利息が気になるからです。利息は次の式で計算されます。

・住宅ローンの利息＝元本×金利

この金利が自分のあずかり知らないところで決まってしまうというのが、住宅ローンの金利変動リスクです。

これに対処する方法は「元本を減らす」ということです。「住宅ローンの利息＝元本×金利」なので、金利が倍になった場合は、元本を半分にすれば利息は変わりません。金利に関しては銀行のほうが一枚も二枚も上手ですし、金融マーケットの長期金利は正確には予測できません。これに対して、元本の金額は自分でコントロールすることができます。自分がいくらお金を貯めて、いくら繰り上げ返済をするのかは、自分で決めることができるからです。

もちろん、自分の計画通りに貯金できるとは限りませんが、金利の動向を予想するよりは、よっぽど確実な金利変動リスクへの対処法になります。

住宅ローンを選ぶとき、どうしても「％」に気をとられてしまいます。しかし、住宅

ローンの決断をするにあたって大事なのは「円」です。住宅ローンの高い安いは毎月の返済額で判断すべきです。

「住宅ローンはどうしたらいい？」の質問で、営業マンの目つきが変わる

・自分の年齢、収入で住宅ローンの金額は妥当なのか？
・今ならば変動金利か固定金利、どっちにするべきか？

「住宅ローンをどうしたらいい？」と問う理由には、主にこの2点について何か有益な情報がほしいという気持ちがあるからです。

しかし、**営業マンの本音からすると、「お客がいくらの住宅ローンを組むか？」「どの金利タイプで組むか？」には、まったく興味がないのです。**当たり前ですが、彼らにとって一番大事なのは、「お客がこの物件をどのくらい本気で買うつもりなのか？」、そして「お客が住宅ローン審査に通るのか？」なのです。

本気で買うつもりならば、次は契約に向けて一押しというステージに移ります。自然とその物件代金を支払うための住宅ローンの話が出てくるわけです。つまり、営業マンに「住宅ローンをどうしたらいい？」と聞いた瞬間から、彼の中で売買契約に向けてのレールが敷かれ、お客が支払う手段としての住宅ローンを提案することになります。

営業マンはお客が何を欲しているかを感じ取って、決断の背中を押すプロです。

わたしたちはなぜ、「自分の年齢、収入で住宅ローンの金額は妥当か？」と聞くのでしょうか？　「妥当であってほしい」と願っているから聞くのです。

「変動金利と固定金利、どっちにすべきか？」、これはできれば安く購入したいと思っているけれど変動金利は上がるかもしれない、という不安があるから聞くのです。

ですから営業マンにとっては、「お客がこういう答えを欲しているのだろうな」という想定に合わせて答えることで売りたい物件を売ることが、一番重要な仕事です。

「いくら借りるか？」「金利タイプは？」といった住宅ローン選びの根幹について、一番聞いてはいけない相手が営業マンなのです。これらの質問に対して有益な情報が得られたと思ったのだとしたら、それは相手にしてやられている証ということです。

営業マンからは「提携ローンの情報」を聞き出せ！

一方で、**営業マンから入手すべき有益な情報もあります。それは「提携ローンの有無や条件」です。**

その不動産業者やハウスメーカーを通して申し込むことで、金利や手数料の面で優遇される住宅ローンがありますが、それを「提携ローン」と呼んでいます。

例えば、通常の融資手数料が融資額の２％（税別）が、提携ローンの優遇で半分の１％（税別）に割引されることがあります。４０００万円を借りるなら80万円（税別）の手数料が40万円（税別）になるのです。

しかし、提携ローンの優遇を知らずに自分で申し込んでしまうと、その恩恵が受けられず、恩恵があったことすら知らずに住宅ローンを組むことになります。

提携ローンの情報は、営業マンを通してしか入手できないものです。

わたしが冒頭に言った、**「聞くべき相手と質問の組み合わせを誤っている」**の真意がおわかりいただけたと思います。**目の前の営業マンからは、提携ローンの有無とその具体的な優遇内容を聞いてください。**

3 住宅ローンで後悔しないための心構え

「自分に最適な住宅ローン」を選ぶ3段階のプロセス

マイホームを選ぶときは、まず物件探し、注文住宅なら土地探しと建築見積り、売主やハウスメーカーとの金額交渉と、かなり大変なので、そのあとにやるべき住宅ローン選びはどうしても後手に回りがちです。そのため、しっかり検討する時間がとれないまま決めてしまい、あとになってから「しまった……!」と後悔する人が、何と多いことでしょう。

そこで、まずは住宅ローンを選ぶにあたり、後悔しないようにするための3つの心構えを押さえておきましょう。

☑ **住宅ローンで後悔しない3つの心構え**

① 住宅ローンを選ぶ正しいプロセスを知る

② 営業マンに「いつまでに住宅ローンを決めればいい？」と聞いてはいけない

③ 複数の住宅ローンで本審査を通しておく（不利益などない）

家を買う際に住宅ローンを決めるには、実に多くのことを考えます。「固定金利がいいのか、変動金利がいいのか」「どこの銀行で借りるのがいいだろうか」などをはじめ、他にもたくさんの考える、決める要素があるので、頭がパンクしそうになるでしょう。それでも考慮すべきことをちゃんと考慮して、自分が納得するまで、落ち着いて自分と向き合う時間が必要です。本当に大事なことを決めるとき、正しい答えはいつも自分の中にあります。答えを外に求めてはいけません。

そして、次のような**正しい順序で住宅ローンを検討していけば、実質的な選択肢は意外と多くないことがわかってきます。**

① まず資金計画の方針は？＝金利タイプを決める

②その次に金融機関を決める＝自分は金融機関の融資条件を満たすか？
③ピンポイントに最適の住宅ローンを探し出す

①まず資金計画の方針は？＝金利タイプを決める

住宅ローンで考えるべき資金計画の要素は、次の3つです。

a．借入金額………いくらまでなら無理なく返せるか？
b．返済期間………何年で借りて、何年で返すか？
c．金利タイプ……金利変動リスクは自分が負うか、債権者に負わせるか？

ここから、詳しく説明していきましょう。

◆a．借入金額①「今の自分」の身の丈に合った家なのか？

これが最初にして最大の山です。住宅ローンを決めるのは簡単だと思っている人に対しては、「借入金額を決めることがいかに難しいことか」を知ってもらうのがこの本の目的と言っても過言ではありません。

逆に、住宅ローンを複雑だと感じている人には朗報です。住宅ローンを決めるに際し、重要なポイントは3つしかないからです。これをしっかり押さえれば、間違いのない住宅ローンを選ぶことができるのです。

借入金額は、次の計算式で求めることができます。

・借入金額＝物件価格＋経費－自己資金

借入金額は、ほしい物件が決まれば機械的に求められます。大事なことは、「その金額を借りても大丈夫か?」ということです。

借入金額は、あくまで今の自分の収入で返済を継続できるかどうかで判断します。注意してほしいのが、「今後の収入が上がっていくかも?」ということは、あえて計算に入れないことです。つまり、**自分が買える家の価格には現時点の収入と年齢によって自ずと限界がある**のです。

「そうは言っても、今の収入で計算すると買いたい家の額とは程遠い。家のためにこ

図1-1　ほしい家の価格と自分が買える価格のバランス

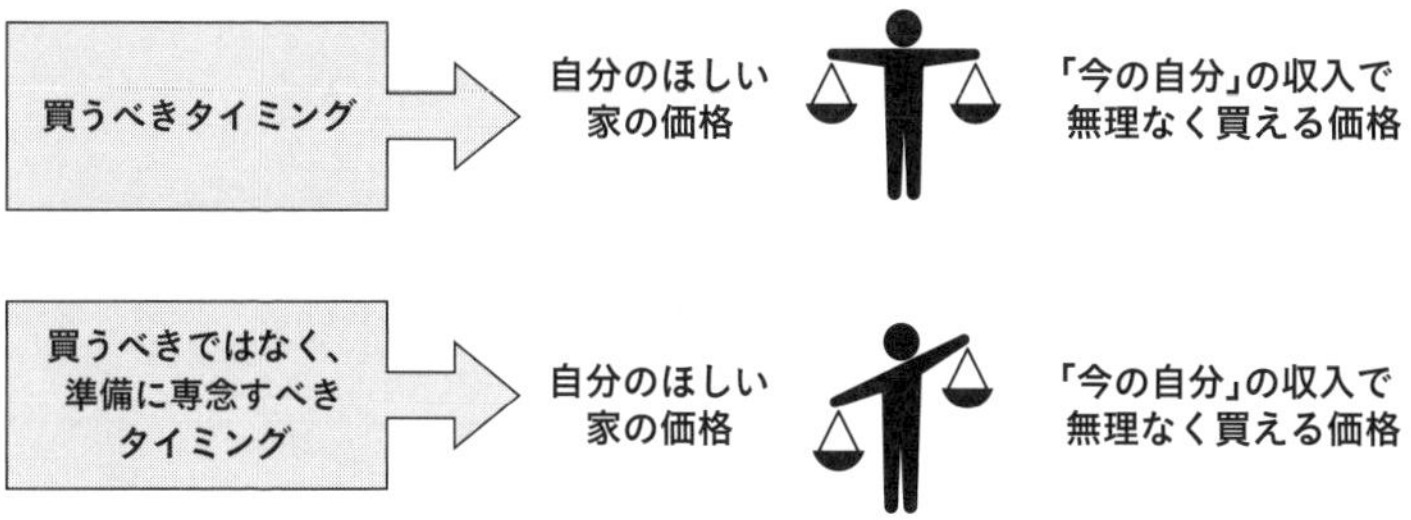

れから仕事をますますがんばってお金を稼ぐから、もっと高い家を買いたい」

こう思うかもしれません。

さらに自分に問いかけてみましょう。これから買おうとしている「家」とは何でしょうか？

わたしは家にはハード面とソフト面の２つの面があり、わたしたちは同時にそれを所有しているのだと考えています。

・ハード面……不動産として土地に定着した家屋
・ソフト面……次の世代を育む生活共同体としての家族

家を買う人はほとんどの場合、そもそもすでにソフト面の家を持っています。なぜハードの家を買うのか？「家族のため」など、いろいろな理由があると思いますが、本当のところは「自分のため」「自分がほしいから」です。

大事なことは、ハード面の家を手に入れる代償として、ソフト面の家族を危険に晒さないようにすることです。ハード面の家がほしいのは自分の意思だとしても、それは自分を含む家族の存在なくしては意味のないものです。

現時点の収入と定年までの残りの年数で買える家の値段を計算することは、決して自分の可能性に限界を設定することではありません。大切なのはこれからの自分の可能性を最大化するために、無理のないプランを立てることなのです。

◆ a.借入金額② ほしい家の価格と自分が買える価格は一致しているか？

ほしい家の価格と現時点の収入で自分が買える家の価格が一致するタイミングで家を買うべきです。**もし「無理をしなければ、ほしい家が買えない」のであれば、今は家を買うべきタイミングではない**ということです。立ち止まって貯蓄方法や家計の支出を見直し、情報収集などの準備にあてるべき時期です。

まわり道のように思うかもしれませんが、それが自分の可能性を最大化する戦略です。遠回りに見えてもそれが最短の道です。

低い山なら一気に駆け上がれますが、高い山でそれをやると命を落としかねません。

住宅ローンは一度登り始めたら、途中で降りられる保証のない山なのです。

◆ b.返済期間① 期間はあとから延長できない

返済期間は、あとから延ばすことができないので注意が必要です。厳密にはできるのですが、再度審査が必要になり、債権者から「条件を緩和しないと返済継続が難しい人だ」という見方をされます。

借金は早く完済したいと思うのが人情です。しかし、返済期間を短く設定したことで毎月の返済額が高いハードルになると、あとから延長をお願いしなくてはならなくなるかもしれません。

返済条件を緩和してもらうと、個人信用情報に記録として残ります。これが理由でクレジットカードの審査に落ちることもあります。

◆ b.返済期間② 期間はあとから短縮できる

早く完済したい場合は、繰り上げ返済をします。繰り上げ返済とは、毎月の返済とは別に余分に返済することで、「返済額軽減型」と「返済期間短縮型」の2つの方式があります。両者の違いについては第6章で詳しく解説します。

住宅ローンを組むときの最初の返済期間は長めに設定しておき、あとから返済期間短縮型の繰り上げ返済をしていくのが、将来何が起こるかわからないリスクを抑えつつ、無理のない範囲で早く完済する賢い方法です。

◆c．金利タイプ① 金利変動リスクは自分が負うか、銀行に負わせるか？

実に多くの金融機関がさまざまな住宅ローンの商品を出していますが、**同じ「金利タイプ」なら、概ね同じような商品内容**になっています。

・変動金利……………………6か月ごとに金利を見直す
・当初（5年10年20年）固定金利……当初期間だけ金利を固定する
・全期間固定金利………………借入期間の全期間金利を固定する

どの金利タイプを選ぶかによって、金利変動リスクに対する対処方法が変わってきます。

つまり、**金利タイプを決めるということは、「住宅ローンの金利変動リスクに対してどう対処していくのか？」、その方針を決めるということです。**これは、今後35年にわたる資金計画の基本方針を決めることを意味します。

◆c．金利タイプ② 金利はあとから交渉して下げることもできる！

「住宅ローンの金利は最初に決めたらずっと変わらない」、こう思っている人が多いです。銀行のホームページのどこを探しても、住宅ローンの金利はあとから交渉して下げることができるなどとは、一言も書いていないからです。

住宅ローンは契約ではありますが、逆に言えば、**契約だからこそ契約した当事者間で合意すれば内容を書き換えることができる**のです。つまり、金利はあとから交渉して下げてもらうこともできます。

住宅ローンの金利交渉は、「他の銀行はもっと安い金利を出している、金利を下げてくれないと他行に借り換えるよ」というものです。期間延長の条件緩和交渉の「支払いが苦しいので延長してください……」というのとは違い、対等な交渉なのです。したがって、個別信用情報に記録されてクレジットカードの審査に落ちるという心配もありません。

資金計画のうち、**金利タイプを決めるのが最大の難所です**。その代わり、金利タイプを決めることができれば、ほとんど自動的にどの住宅ローンで借りるべきかが決まっていきます。

②その次に金融機関を決める＝自分は金融機関の融資条件を満たすか？

多くの金融機関は**住宅ローンの審査の傾向と融資条件**によって、図1－2のように3つのグループに分けられます。

審査は、従来はネット銀行と店舗を持つメガバンクではっきりと傾向が分かれていました。しかし、最近は低金利のためメガバンクの利益が圧迫されてきていることもあり、経費削減のためにインターネットでの申し込みに力を入れるようになってきているため、ネット銀行寄りになってきています。

また、ネット銀行はAI技術の導入によって、人間が審査するのと変わらないくらいきめ細かな判断が可能となってきています。そのため、審査の傾向や融資条件についてては、ネット銀行とメガバンクの差はだんだんなくなってきているのです。

金利タイプを決めるということは、自分の住宅ローン返済の基本方針を決めること

図1-2　住宅ローンの審査の傾向と融資条件

	審査の傾向	融資条件
①メガバンク、ネット銀行	厳しい。審査属性の高い人に低金利で融資し、保険などの金融商品を販売する機会をうかがう。	メガバンクは比較的柔軟だが、ネット銀行は融通が利かない傾向がある。
②地方銀行、信金、農協等	甘い。メガバンクの審査に通らなかった人にも融資する。	限られた営業エリアでしか融資できない。しかし、その他の条件は融通が利きやすい。
③公的融資	甘い。住宅金融の円滑化を目的とし、多くの人が広く住宅を購入できるようにする。	条項で規定された条件から外れていたら、どんなに審査属性が高くても融資できない。融通はまったく利かない。

なので、主体的に決めることが大事です。

これに対して、**金融機関のグループを決めるということは、「自分は債権者のお眼鏡にかないそうか？」「債権者があらかじめ決めた融資の条件に自分が当てはまるか？」**ということです。

③ ピンポイントに最適の住宅ローンを探し出す方法

自分に最適な金利タイプと金融機関のグループが決まれば、図1－3のように個々の金融機関のホームページで目当ての金利タイプの商品をピンポイントにチェックしていくことが可能となります。

金融機関によって、住宅ローンのホームページは千差万別です。なぜなら、銀行によってアピールしたいポイントが違いますし、売りたい住宅ローンも違うからです。そのため、**「自分がどんな住宅ローンを探しているのか？」という目的意識を持っていないと、銀行が売りたい住宅ローンを選ぶように誘導されてしまう**のです。金融機関のホームページは彼らが売りたい商品を宣伝する広告だからです。

インターネットでいくら探しても、住宅ローンについての「正解」はありません。これは、わたし自身が初めて住宅ローンを選んだときに痛感したことです。

インターネットにはさまざまな情報がありますが、ほとんどの人が正しい答えにたどり着く前に、膨大な数の住宅ローンの広告や、同じような口コミ情報に辟易し、心

図1-3　ピンポイントに最適な住宅ローンを探し出す

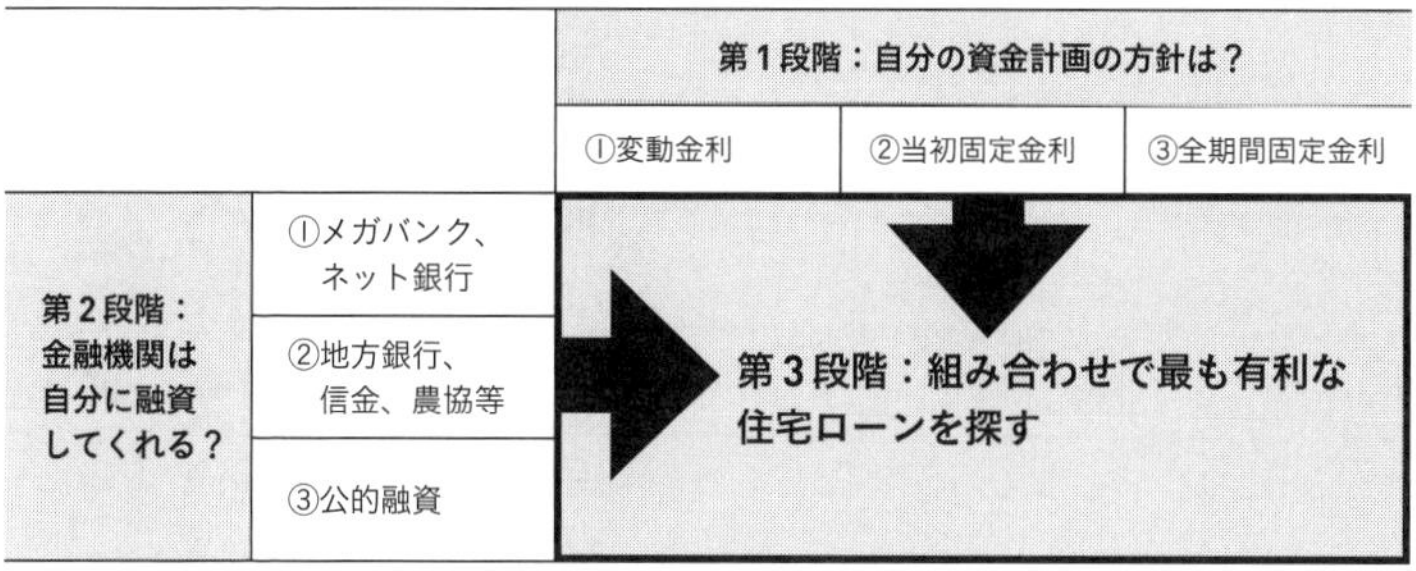

底疲れ切ってしまうのです。その結果、営業マンの言いなりになり、不利な条件で契約をしてしまいます。

住宅ローンを選ぶのに「ウィンドウショッピング」では駄目なのです。**インターネットで何が最適なのかを探すことはできません。何が最適かを知った上で、インターネットから目的のものをピックアップする**のです。

4 営業マンに「いつまでに住宅ローンを決めればいい？」と聞いてはいけない

本当の期限よりも早めの期限を言われる

わたしに住宅ローンの相談をしてくる人の中には、「早く住宅ローンを決めないといけない」「もう時間的な余裕があまりないんです」と言う人が多くいます。しかし本当のところ、時間は十分にあります。

この、あまり時間がないような錯覚に陥ってしまう理由のひとつは、住宅・販売業者の営業マンから決断を急かされることが多いからです。つまり、「早く決めないと他の人に買われてしまいますよ」と言われているのです。

契約して手付金を払う前の段階で、住宅ローンの事前審査には通っておかないといけません。でも、ここではまだ住宅ローンを決める段階ではありません。しかし、この契約直後くらいのタイミングで、営業マンに「いつまでに住宅ローンを決めればいいですか？」と聞いてしまう人が多いです。

こう聞かれた営業マンは、本当の期限よりも早めの期限を言います。住宅ローンの契約の流れを知らない初心者に対しては、本当の期限よりも早めに設定して動いてもらわないと、間に合わなくなってしまうリスクがあるからです。

聞く側としては、思いのほか早い期限を言われてあせってしまいます。しかし、普通の人にとっては、家を買うのも住宅ローンを組むのも、人生で何度も経験することではないので、「そういうものなのか」と思ってしまうわけです。

「住宅ローンをいつまでに決めるか？」は、営業マンから指示されて決めることではありません。住宅ローンの契約は、お金を借りる自分とお金を貸す金融機関との間の契約なのです。

住宅ローンの契約において、住宅・販売業者は契約の当事者ではありません。住宅・販売業者の営業マンにとって関係があるのは、「引き渡しの日までに確実に代金を払ってくれるかどうか」だけなのです。

売買契約時に「住宅ローン特約」をチェックする

住宅・販売業者と締結するのは不動産の売買契約です。これを結ぶ際に必須となる「住宅ローン特約」について説明します。

住宅ローン特約は、**買主が住宅ローン等を利用する場合に、借入額の全部または一部について金融機関の融資を受けられなかったときは、売買契約を白紙状態に戻せる（契約解除できる）という条項**です。契約時に支払った「手付金」は全額買主に返還されます。

なお、住宅ローン特約には、ローンを借り入れる金融機関名、融資額、ローン特約の期限などを明記します。例えば「○○金融機関で、△△△万円を、□□年□□月□□日までに承認がおりなかった場合は売買契約を白紙にします」などという文言になっています。

住宅ローンが借りられなかった場合に手付金が全額返還されるので、買主の利益を保護するものです。**一般的な住宅の売買契約では住宅ローン特約を付けるのが普通ですが、意図的にこれを入れない悪徳業者もいます。また、住宅・販売業者の提携金融機関の住宅ローンしか利用できないという、買主に不利な条件を特約で付ける悪徳業者もいるので注意してください。**

住宅ローン特約は、必ず契約条項の中にあることを確認し、その内容をよく確認し、不利な条件の場合は修正させるようにしてください。

売買契約を結ぶ前の段階で金融機関の事前審査を通しておくので、この特約をおざなりにしてしまうことがあります。あくまで事前審査は仮の審査なので、本審査でひっくり返る可能性はゼロではありません。

もしも住宅ローン特約を付けずに、予定していた金融機関で融資が受けられず、買えないということになったら、手付金は没収となります。いかなる場合も必ず付けるようにしてください。

そして、少なくとも住宅ローン特約で決めた金融機関で融資の承認が下りた場合は、引き渡しの日までに代金を払うので、「それ以外のことについては何の文句も言わせないよ」というのが、正しいスタンスです。

住宅ローン実行までのスケジュールは自分でコントロールする

住宅ローンの申し込みから融資が実行されるまでの期間（約6週間）を逆算して、物件の引き渡し希望の年月日を交渉します。自分がいつごろまでに住宅ローンを決めておかなければならないか、自分でわかっているのが当たり前ということなのです。

契約をしたということは、引き渡し日に代金を払う義務を負ったことを承知しているということです。それなのに、「いつまでに住宅ローンを決めればいいですか？」などと聞くのは、契約しているくせに**「わたしはまったくのノープランです、本当は何もわかっていません、あなたの言われた通りにします」と言っているのと同じ**ことです。

もしもあなたが営業マンだとして、そんなふうに言われたらどうしますか？　どこでもいいから審査の通る銀行でさっさと住宅ローンを決めてもらって、引き渡し日までの予定を固めてしまうというように、自分にとって一番都合のいいようにしたくなるのではないでしょうか。

営業マンに「いつまでに住宅ローンを決めればいい？」と聞いて、その指示に従う。これは、本来自分がコントロールしなければならない住宅ローン実行までのスケジュールを他人に任せきりにしているということです。そして、自分にとってベストな住宅ローンを決めるための時間を放棄している……まさに本末転倒なのです。

5 複数の住宅ローンで本審査を通しておく（不利益などない）

ぎりぎりまで引っ張って一番有利な条件に決める

最適な住宅ローンは、**早い段階で1つに絞るのではなく、複数の金融機関、異なる金利タイプで本審査を通しておき、最後の最後に一番有利なものに決定するのがセオリーです。**

金融機関が取り扱う住宅ローンの金利は毎月見直され、月初めに発表されます。前の月まで低い金利を付けていたのに、引き渡しと融資実行を予定している今月になってから急に金利を上げるということもあるのです。

直前に金利を上げた金融機関でしか本審査を通していなかった場合は、完全に手遅れです。今月には引き渡しという時点から別の金融機関で借りようとしても、申し込みから融資実行までは概ね6週間ほどかかります。そのため、契約で決めた物件の引き渡し日には絶対に間に合わないのです。

しかし、複数の金融機関で本審査まで通しておけば、金利の低いほうで住宅ローンを借りられる可能性が出てきます。

複数の金利タイプで本審査を通しておくべき理由とは？

「どの金利タイプで借りるのか？」というのは、「金利変動リスクを負うか、負わないか？」という資金計画の方針にかかわることなので、本当は直前に変更するようなことではありません。

例えば、ゼロコンマ1％程度の変動であれば、金利タイプを変える必要はないわけです。しかし、たまたま大きな経済事件が発生して金融マーケットがヒステリックに反応し、自分が利用しようとしていた金利タイプだけが見たこともないほど上がってしまったら、金利タイプを変更せざるを得ないでしょう。この場合、想定外の事態のため、当初の計画に執着すべきではありません。

住宅ローンは、特定の金利タイプの金利だけが上がる、もしくは下がるということもあります。特に当初固定金利と全期間固定金利については、金融マーケットの長期金利の動向の影響を受け、ほとんど毎月のように変動しています。

わたしたちは金融マーケットに参加する投資家ではありません。しかし、今後35年間借りる数千万円もの住宅ローンの金利は、マーケットの影響をダイレクトに受けます。ですから、リアルに**数千万円単位の元手で金融市場に参加するのと同じ心構えが必要**なのです。

投資家がさまざまな銘柄に分散投資をすることでリスクを分散させるのと同じように、わたしたちも複数の金利タイプで審査を通しておくことで、リスクを分散させる必要があるのです。

「あまりいろいろな銀行で審査を出さないほうがいい」のウソ

複数の金融機関で本審査に出すということについて、インターネット上にはネガティブな情報もあります。

「信用情報に照会をかけた記録が残るので、複数の銀行からの照会記録が残るということは、それだけ銀行の審査に落ちまくっているからじゃないか？」

こういう見方をされるなどです。

でも、少し考えればわかるのですが、**複数の銀行から照会記録があることのみをもって、銀行の審査に落ちまくっていると判断するほど単純ではありません**（想像の域を出ませんが）。

しかし、確実に言えることは、**複数の金融機関で本審査を出しても、実際に借りるのは1つであり、それ以外の金融機関が審査にかけたコストが無駄になってしまう**ということです。本審査でチェックする書類をすべて集めると厚さにして3～5センチくらいのファイルになるほど、多くの書類が審査の対象になります。

それを提出するわたしたちの手間もけっこう大変なものですが、チェックする側はもっと大変です。金融機関では担当者を変えて、階級も変えて、複数の人が二重三重にチェックをします。

さらに、審査書類そのものが、高度に保護しなければならない個人情報の塊です。それを外部に漏れないようにする保管コスト、不正利用されないための廃棄コストも馬鹿にはなりません。

融資を実行して利息収入になる案件も、審査の結果、融資を実行できずに1円の儲けにもならない案件も、同じくコストがかかるのです。

そのため、住宅ローンを融資する側としては、できれば複数の銀行に審査など出してほしくないのです。**インターネット上にある「複数の金融機関に住宅ローンの審査を出さないほうがいい」という情報は（本人の立場は明らかにしていませんが）お金を貸す側の利益を優先する立場で発信している情報**なのです。

住宅ローンそのものは金利が低く、単独では銀行の儲けになりにくい商品です。しかし、住宅ローンを貸すことでメインバンクとなり、クレジットカードや投資信託、保険商品など、さまざまな商品を販売するきっかけになります。ですから、低金利で儲けが少なくても住宅ローンを続けているという側面もあるのです。

つまり、**お金を借りる側としては、複数に審査を出すほうが得で、しかもそのことを隠さないほうが得なのです。銀行が「この人には多くの商品を売れそうだ」と判断すれば、金利の面や融資手数料などの面で便宜を図ってくれることがあるからです。**

6 住宅ローンの申し込みから実行までの流れ

自分にとってベストな住宅ローンを選ぶために必要な知識

では、住宅ローンの申し込みから実行までの基本的な流れを把握しておきましょう。これは営業マンに言われるままに住宅ローンを選ぶのではなく、自分が主体的に自分にとってベストな住宅ローンを選べるようにするために必要な基礎知識です。

◆事前審査

ほとんどの金融機関では、インターネット経由で簡単に事前審査ができるようになっています。次の資料を手許に準備しておくと、流れるように入力していくことができます。

・運転免許証 or 健康保険証
・源泉徴収票 or 住民税課税決定通知書 or 確定申告書 or 納税証明書（前年と前前年）
・物件パンフレットや販売チラシなど
・自分の名刺、勤め先のホームページの「会社概要」など
・現在返済中の借入（住宅ローンを含む）の残高と毎月返済額がわかる資料

事前審査は購入物件が決まっていなければ受けられないと思っている人が多いのですが、それは誤解です。 金融機関にとっては、顧客情報を入手する程度の位置付けの手続きです。例えば注文住宅などの場合、どこのハウスメーカーといくらで契約するか決まっていなくても、およその金額を入力して事前審査を受けることができます。

多くの金融機関では、この**事前審査の段階で個人信用情報（過去のカードローンやキャッシングの履歴）**、また、**収入に対する融資額が概ね返済可能な金額なのか**をチェックします。

自分が今の収入でおよそいくらくらいの住宅ローンを組めるのかを把握しておくためにも、気になる物件があれば先行して事前審査に出しておいてもいいくらいです。

営業マンからは、不動産の売買契約を結ぶ前に、少なくともどこか1つの金融機関

で事前審査を通すように言われます。これは、**買い手が住宅ローンを借りることによって、物件の代金を支払う能力があるかを確認することが目的**です。ですから、事前審査に出す金融機関で必ず住宅ローンを借りなければならないということはありません。

しかし、その後すぐに住宅ローン契約ということになる場合には、事前審査に通過した金融機関が、前述の「住宅ローン特約」の金融機関となることがあります。ファイナルアンサーではないにせよ、ある程度はここで借りてもいいと思える金融機関に事前審査を出すようにしてください。

◈事前審査の結果の通知

事前審査の結果は、2~3日という短期間で出ます。金融機関によっては即日というところもあります。電話などで金融機関から連絡が来ます。また、追加で質問が来ることもあるので、事前審査を出してからは知らない番号からの電話でも出るようにしましょう。

事前審査で通っても、まれに本審査で落ちることもあります。まだここで気を緩めないようにしてください。

◆融資の申し込み

「住宅ローンを貸してください」という意思表示をする段階です。住宅ローンの条件や諸費用、金利タイプ、返済方法などについて、理解し納得した上で、融資の申込書類を提出します。

しかし、まだこの段階で住宅ローンが決まったわけではありません。複数の金融機関に融資の申し込みを行っておきましょう。

◆本審査

金融機関が「この人にこの物件を担保として住宅ローンを貸していいかどうか」を審査する段階です。だいたい2週間ほどかかります。

金融機関は担保物件の審査は書類だけでなく、現地に出向いて実地調査も行っています。金融機関が保証会社の保証を付ける場合は、保証会社による審査も行われます。

◆審査結果の通知

金融機関から、住宅ローンを貸すか、貸さないかという判断結果が通知されます。電話など口頭で伝えられることが多いです。

審査に落ちた具体的な理由などは教えてもらえませんが、審査の基準は金融機関によって違いますので、他の金融機関で通ることもあります。

◈住宅ローン契約書の準備をする

本審査に通れば、「次は契約です」と言われます。「契約」と聞くと、もう住宅ローンが確定的になったかのような印象を受けますが、この段階で行うのは「住宅ローン契約書」の準備、ないしは下書きです。

その証拠に、契約書を書くときには**日付の欄はあえて空欄にする**ように言われます。これは債権者にとっても「必ずその日に貸すとは限らない」からです。債権者の都合であえて貸さないこともできるようになっているのです。

金融機関は、絶対にお金を貸すという約束はしません。審査の結果は口頭ですし、書面で提出する場合でも、必ずどこかに「これは融資を約束するものではない」という注意書きがあります。

また、契約の段階では住宅ローンの金利タイプを決めますが、金利が何％になるかはまだわかりません。住宅ローンの金利が決まるのは、融資の実行時点だからです。

そのため、**金利の欄もあえて空欄**です。

つまり、予定している引き渡し日にお金を借りる準備をするために、日付と金利が白紙になっている契約書を準備する段階なのです。**「契約」とは名ばかりであり、契約書の準備をする段階**と言ったほうが正確です。「契約」したからといって安心してはいけません。これは準備をしただけなのです。本当の契約は融資の実行をする日に成立します。

ですから、この契約書の準備をする段階でも、複数の金融機関で並行させることは可能です。しかし、契約書の準備だけでも、**本人が平日の昼間に金融機関に出向いてたくさんの書類に実印を押すという作業が必要**です。そのため、複数の住宅ローンを並行させるのは本審査の段階までにとどめておくことをおすすめします。

◆融資の実行と抵当権の設定

金融機関が住宅の購入資金を融資し、不動産に担保を設定する手続きです。売り主、買い主、仲介業者、司法書士が一同に会します。

ここで、住宅の購入資金として借りるお金が銀行から買主の口座に振り込まれます。そのお金をすぐに売り主に振り込むことで、家の代金を支払います。これをもって、**融資の実行から契約書に基づいて「借りたお金を返さなければならない」という義務**

が発生します。つまり、もう引き返せないということです。

ですから、**融資の実行は住宅の引き渡しと同時でなければなりません**。そうでなければ、住宅ローンという借金だけを負って家を手に入れられない、なんてことになってしまうこともあります。おカネを払う瞬間というのはかくも重要なのです。

7 住宅ローンを借りるために どんな書類をどこから入手するのか？

必要となる書類をあらかじめ知っていれば 相手の言いなりになることはない

何も知らなくても、営業マンに言われるままに書類を提出し、銀行で言われるままにハンコを押してサインすれば、住宅ローンは借りられます。

しかし本来、引き渡し予定日に金融機関から資金を調達する義務は買主にあるのです。それを他人に任せきりにすることで、本来選べたはずの住宅ローンを選べなくなってしまうのでは、最終的には損です。ここで大事なことは2つです。

・住宅ローンを借りるために金融機関に提出する書類はどんなものか？
・それらをどこから入手するか？

図1-4　基本となる書類

書類名	発行元
住宅ローン借入申込書兼保証委託申込書	金融機関
個人情報の取り扱いに関する同意書	金融機関
団体信用生命保険申込書兼告知書★	金融機関
健康診断結果証明書★	健康診断を行った病院
住民票謄本	市区町村
印鑑登録証明書	市区町村

すべて自分で入手できる書類です。
★の書類は不要なケース（団信に加入しない場合や、保険会社が求めない場合）もあります。

この2点を把握できていれば、営業マンに任せきりにせず、自分のスケジュールで住宅ローンの実行までを進めることができます。

ここからは、金融機関に提出する必要書類をまとめて紹介していきます。

物件の確認書類以外はすべて自分で準備できる書類です。

図1-5　本人および勤務先の確認書類

書類名	発行元
運転免許証・パスポートなど	警察署等
健康保健証	勤務先等

本人確認のための資料で、自分しか入手できない書類です。

図1-6　収入の確認書類

給与所得者の場合

書類名	発行元
源泉徴収票	勤務先
給与証明書	勤務先
公的所得証明書	市区町村
住民税決定証明書・通知書	市区町村

事業所得者の場合

書類名	発行元
確定申告書（写）	税務署
納税証明書	税務署

すべて自分で入手できる書類です。給与所得者の場合は、上記のいずれか１つないし２つ（金融機関による）、直近数年分（年数は金融機関による）を提出します。

事業所得者の場合は２つセットで直近数年分（直近３年分が多い）を提出します。

図1-7　物件の確認書類

書類名	発行元	新築住宅	土地購入	住宅購入		増改築	借り換え
				戸建て	マンション		
不動産 売買契約書	住宅・ 販売業者		○	○	○		○
工事請負契約書	建築会社	○				○	
工事見積書	建築会社	○				○	
重要事項説明書	住宅・ 販売業者		○	○	○		○
建築確認申請書・ 建築確認済証	市区町村 等	○		○		○	○
不動産登記簿	法務局	○	○	○	○	○	○
公図	法務局	○	○	○		○	○
地積測量図	法務局	○	○	○		○	○
建物図面	法務局	○		○	○	○	○

発行元が住宅・販売業者や建築会社になっているものは、契約までのプロセスで当然にもらえるものです。ない場合は問題なので、必ず確認するようにしてください。

市町村等や法務局から入手する資料については、基本的に住宅・販売業者ないし建築会社が持っています。

図1-8　借入状況等の確認書類

書類名	発行元
マイカーローンの返済明細表など	信販会社など
スマートフォンの割賦明細表など	電話会社など
カードローン、キャッシングの利用明細表など	ノンバンクなど

物件に関する資料は、**金融機関が「その家を買うために本当にお金を貸していいか？」を判断する、その担保価値を調査するための資料です。ということは、お金を払って購入するわたしたちは、なおさら当然に確認すべき書類**なのです。

特に法務局から入手する書類については、本来、契約の時点でもらうべきものなので、当然の権利として住宅・販売業者から入手してください。

もちろん、自分で法務局へ行って入手することもできます。例えば、不動産登記簿を見れば、売主の名前、住所に加え、その物件を購入するために金融機関で住宅ローンを組んだ場合は、購入当時にどの銀行でいくら借りたのかもわかるようになっています。

金融機関では、年収に対するすべてのローンの返済額の割合（返済比率）が一定率以下であることを審査します。そのため、住宅ローン以外のローンの返済額が明らかとなる資料を提出する必要があります。

うっかり忘れやすいのがスマートフォンの割賦契約ですが、これもローンです。よく「住宅ローンの審査の前までにすべて完済したほうがいい」という人がいます。しかし、スマートフォンの割賦購入は一般的なものなので、審査にはほとんど影響しないため、無理に完済する必要はありません。ただし、ちゃんと申告して資料を提出する必要があります。

8

最初の1回は大変だけど、複数同時進行すれば手間は同じ

やるかやらないかで100万円くらいの差になる

住宅ローンを借りるまでにやるべきことをフローにまとめると、図1－9のようになります。

例えば金利タイプを全期間固定金利にする場合は、全期間固定金利で最も有利な金融機関であるE銀行、2番目の金融機関であるF銀行に加え、変動金利または当初固定金利で最も有利な金融機関、つまりA銀行またはC銀行で本審査まで通します。このように、最低でも3つ以上の金融機関で本審査を通すまでの手続きをする必要があります。

審査に必要な書類はかなりの数がありますし、初めてのことなので、これらを集め

図1-9　住宅ローンを借りるまでにやるべきこと

① まず資金計画の方針＝金利タイプを決める
② その次に金融機関を決める＝自分は金融機関の融資条件を満たすか？
③ ピンポイントに最適の住宅ローンを探し出す
④ 売買契約時には「住宅ローン特約」をチェックし、住宅ローン実行までのスケジュールを立てる
⑤ 複数の金融機関、複数の金利タイプで事前審査から本審査までを通す

	変動金利	当初固定金利	全期間固定金利
最も有利な金融機関	A銀行の変動金利	C銀行の当初固定金利	E銀行の全期間固定金利
2番目の金融機関	B銀行の変動金利	D銀行の当初固定金利	F銀行の全期間固定金利

（網掛け）：全期間固定金利を選ぶ場合に審査を通す金融機関の組み合わせ

るのは大変です。しかし、**どの金融機関でも概ね審査に必要な書類は同じ**です。最初の1回が大変なだけなのです。最初から複数の金融機関に審査に出すつもりで準備すれば、まったく同じ資料を複数枚用意するだけのことなので、手間は同じです。

これによって選択肢が広がり、申し込みから実行までの期間の金利変動リスクを抑えることができます。場合によっては、金利の面や融資手数料などの面で便宜を図ってもらえる可能性もあります。

トータルで100万円ほどの差がつくことも珍しくありません。面倒がらずに、ぜひ実践してください。

第2章

最低限ここを押さえれば大丈夫

――プロがコンサルティングで実践するシミュレーションのポイント

1 住宅ローンシミュレーションのインプットと基本サイクル

ベストな住宅ローンを検討するときに使うシミュレーション

この章では、わたしが住宅ローンのコンサルティングを行うときに、依頼者にとって**ベストな住宅ローンを検討するシミュレーションのやり方と判断のポイント**を解説します。このシミュレーションは、第1章で解説した**資金計画の3要素（「借入金額」「返済期間」「金利タイプ」）を把握するためのツール**です。

この住宅ローンのシミュレーションを行う際に重要なのは「3」の数字です。

図2－1を見てください。3つの「インプット」を行い、3つの数値を「アウトプット」し、それに対して3つの「判断基準」で検討をする、これが基本のサイクルです。

図2-1　3つの基本サイクル

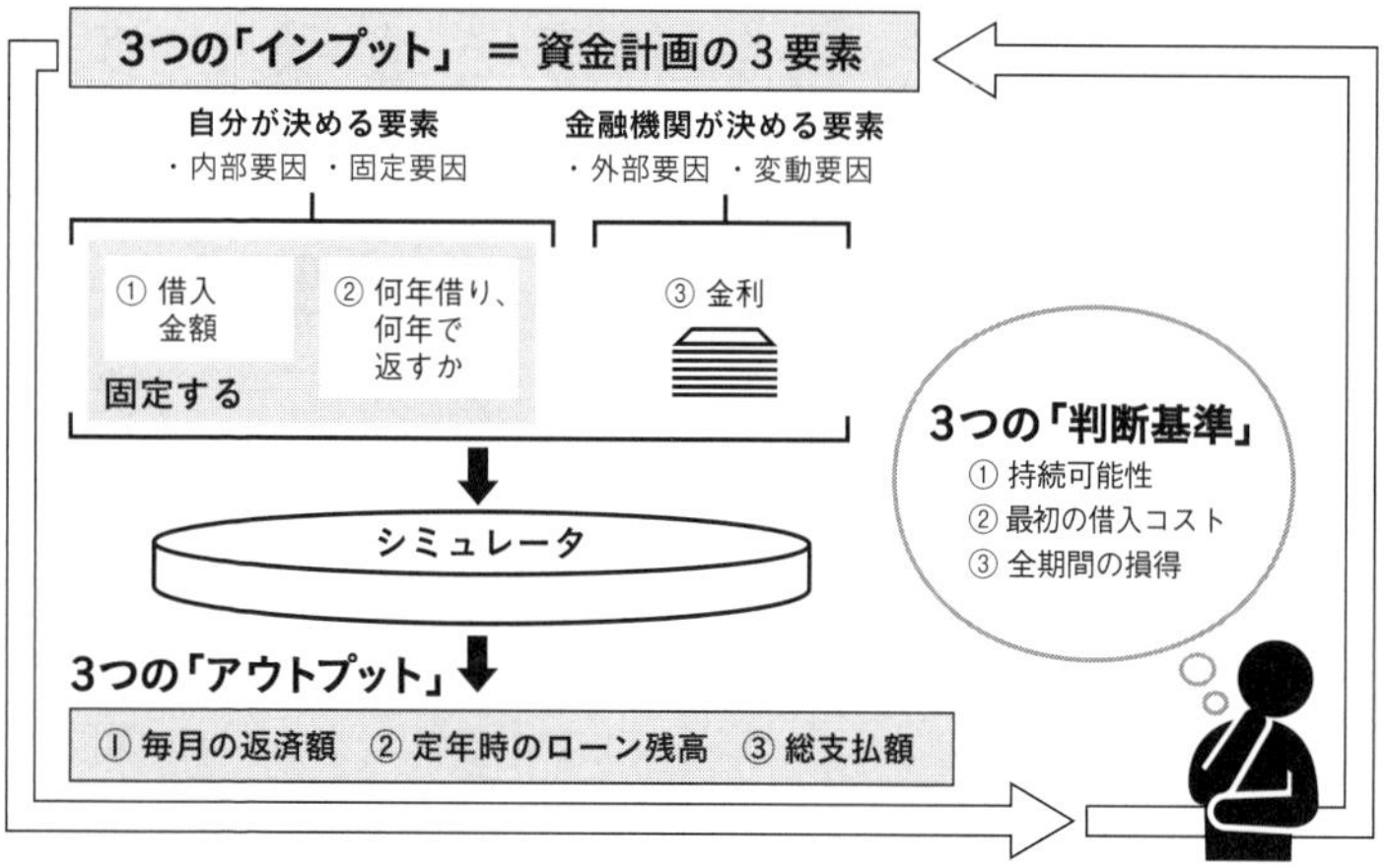

そして、この3×3を繰り返し行っていきます。

☑3つの「インプット」

① 借入金額……いくら借りるのか？（自分のほしい物件の価格と自己資金）

② 返済年数……何年借りて何年目の完済を目指すのか？（自分の年齢と勤め先の定年）

③ 金利……適用金利は何パーセントか？（金融機関と金利タイプの組み合わせ）

☑3つの「アウトプット」

① 毎月の返済額……元本＋利息

② 定年時のローン残高……定年まで

に繰り上げ返済する金額

③総支払額……借入費用＋毎月返済額×12×定年までの年数＋定年時のローン残高

☑３つの「判断基準」

①資金繰り……返済中の持続可能性と老後の持続可能性（金利タイプを決める）

②借入費用……最初の借入コスト（金融機関を決める）

③総支払額……トータルの損得勘定（金利タイプ、金融機関を決める）

このように、住宅ローンのシミュレーションは、内部要因かつ固定要因である「借入金額」「返済期間」を固定し、さまざまな「金利」を当てはめ、出てくるアウトプットに対して判断をしていく、というサイクルで行います。

2 3つの「インプット」

①借入金額 ②返済年数 ③金利

住宅ローンのシミュレーションをする際に大切なインプットを紹介します。「借入金額」「返済年数」「金利」の3つです。

「借入金額」と「返済年数」は、自分のほしい物件と自己資金、自分の年齢と勤め先の定年によってほぼ固定されます。内部要因であり固定要因ということです。「金利」は金融機関が決定し、毎月見直される、外部要因であり変動要因です。

図2-2　①借入金額「いくら借りるのか？」

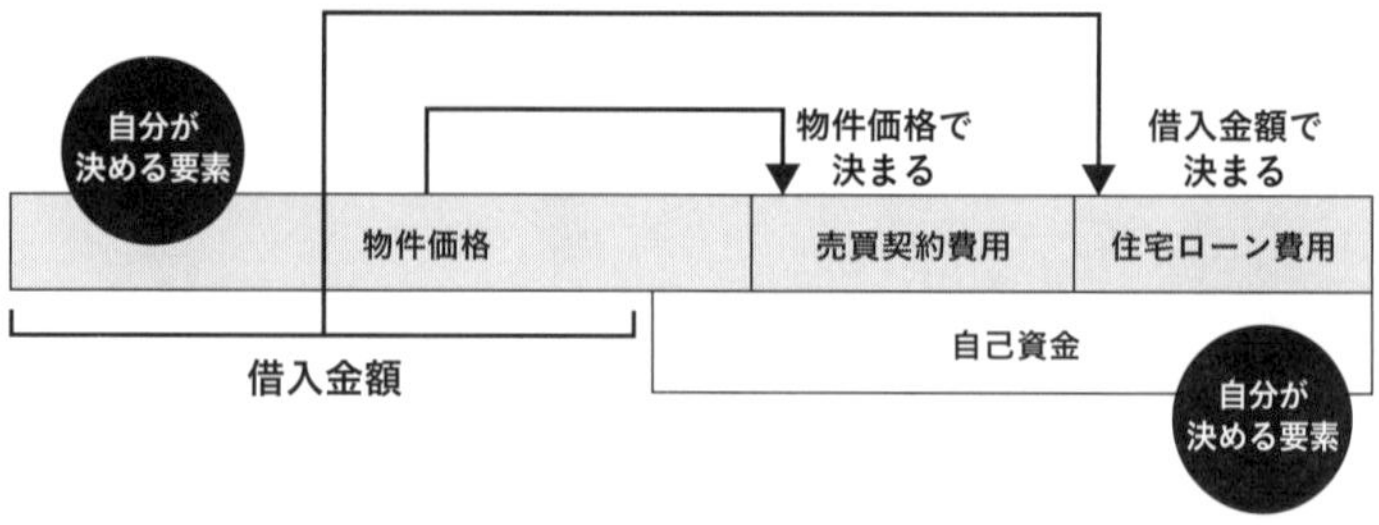

① 借入金額……いくら借りるのか？（内部要因かつ固定要因）

借入金額の計算式は図２－２のようになっています。

・**借入金額＝（物件価格）＋（売買契約にかかる費用）＋（住宅ローンにかかる費用）－（自己資金）**

売買契約にかかる費用、住宅ローンにかかる費用の主な内容は「業者や銀行に払う手数料や税金」などであり、その物件価格や借入金額の大小によって決まります。費用の合計額の目安は、新築マンションで概ね物件価格の３～５％、それ以外（中古マンション、戸建て、新築戸建てなど）で６～13％ほどです。

そのため、**借入金額を決定づける自分自身の要素は、自分のほしい物件の価格と自己資金（現時点で自分が**

現金で用意できる資金）です。

②返済年数：何年借りて何年目の完済を目指すのか？（内部要因かつ固定要因）

返済年数を決定づける要素は、次ページの図２－３のように「契約年数」と「完済を目指す年数」の２つがあります。２つ必要になるのは、現役時代の収入に対して老後の収入は半減することが通常だからです。そのため、現役時代の収入を前提にした住宅ローンは現役のうちに完済することをおすすめしています。

「だったら、最初から契約年数を定年までにしておけばいいのでは？」

こう思われるかもしれません。しかし、第１章でも述べたように、契約年数はあとから延ばすのは難しいですが短縮するのは簡単なので、契約年数は最長の35年にしておくことがおすすめです。

住宅ローンを借りられる年齢は満80歳未満までとしている金融機関が多いので、これ

図2-3　②返済年数「何年借りて何年目の完済を目指すか？」

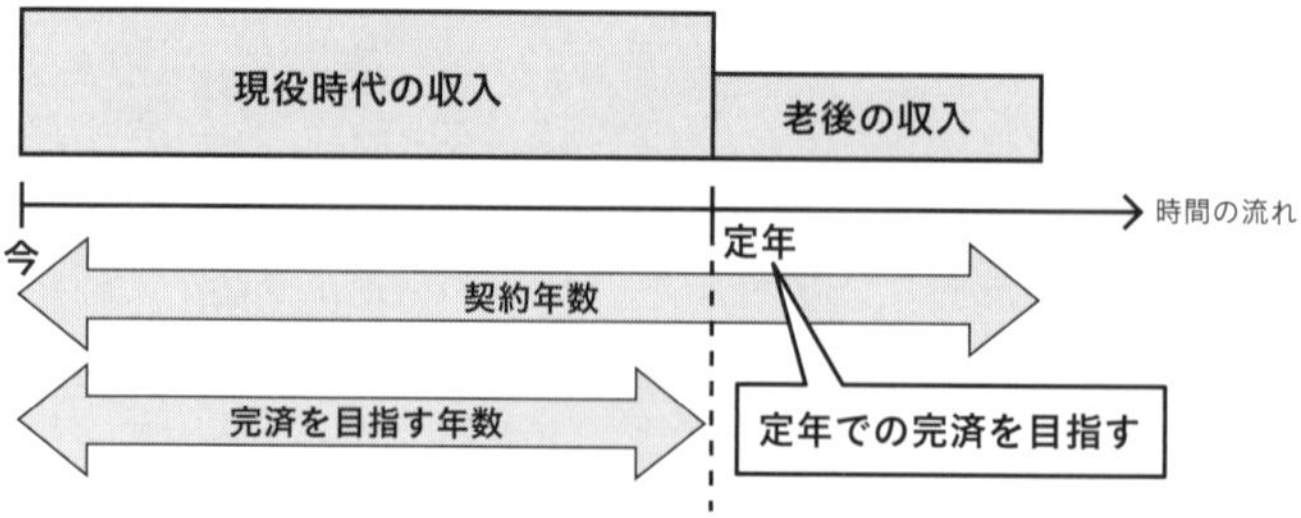

が上限に影響することもあります。**返済年数を決定づける自分自身の要素は自分の年齢と勤め先の定年です。**

③金利：適用金利は何パーセントか？（外部要因かつ変動要因）

住宅ローンの金利は金融機関が決めます。そのため、**自分で決められる要素はほぼありません。**住宅ローンの適用金利は金融機関のホームページ等から、異なる金利タイプの金利を引っ張ってきて、シミュレータに入力します。

住宅ローンの金利は毎月変動しており、融資の実行月にならなければ何％になるかは決まりません。ですから、**住宅ローンを検討している時点の金利で借りられるとは限らない**という心づもりでいる必要があります。

3 3つの「アウトプット」

①毎月の返済額 ②定年時のローン残高 ③総支払額

次に、住宅ローンのシミュレーションで大切な3つの「アウトプット」を紹介します。それは、「毎月の返済額」「定年時のローン残高」「総支払額」の3つです。どれも円を単位とする「金額」であるというのがポイントです。

第1章でも述べたように、「%」ではなく「円」で比較検討を行います。図2－4のような表を作成し、横ぐしで並べると比較がしやすいでしょう。

図2-4 「円」で検討する

例：40歳、3,000万円、35年、元利均等返済ボーナス払いなし

	A銀行変動金利 0.5%	A銀行固定金利 1.3%	B銀行固定金利 1.5%
①毎月の返済額	77,875円	88,944円	91,855円
②定年時のローン残高	13,502,175円	14,538,676円	14,797,595円
③総支払額	32,707,560円	37,356,564円	38,579,007円

① 毎月の返済額（元本＋利息）

「毎月の返済額＝元本返済額＋利息の支払額」です。言うまでもなく借金の返済額で、この返済方式には「元利均等返済方式」と「元金均等返済方式」の2種類があります（図2－5）。

元利均等返済とは、毎回の返済額が同じ額になる返済方法です。

元金均等返済とは、毎回支払う「元金」部分が均等になる返済方法です。

元利均等返済方式は、毎回の返済額が一定になるので、返済計画が立てやすいのがメリットです。デメリットは、前半は利息部分が多く元金部分が少ないため、元金の減り方が遅くなることです。

図2-5　元利均等返済方式と元金均等返済方式

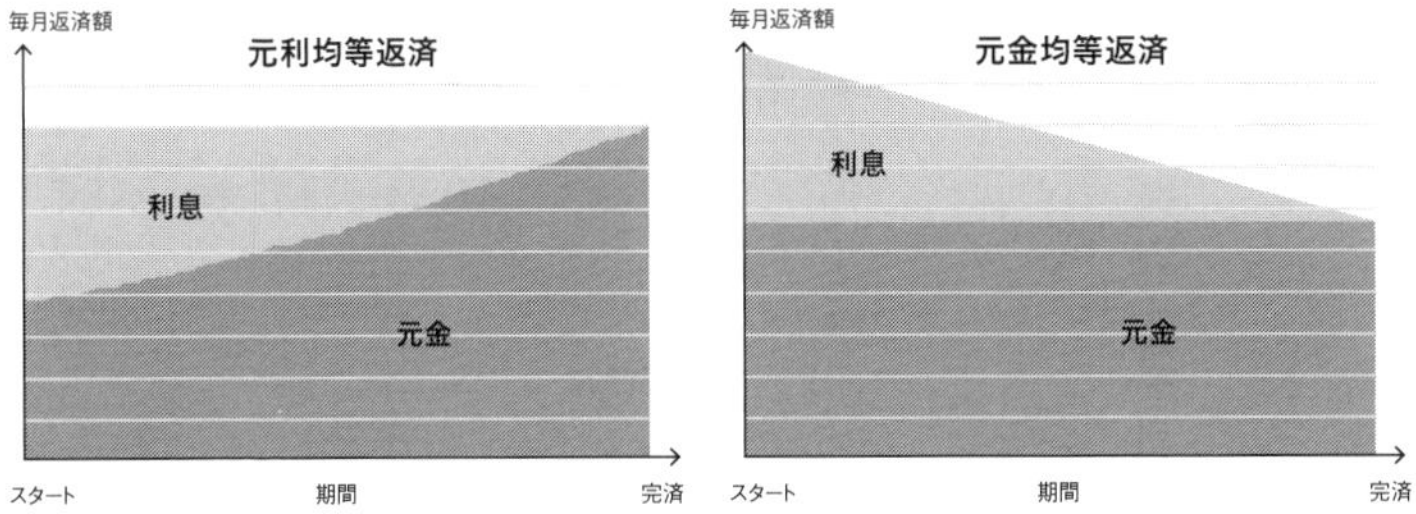

元金均等返済方式は、最初の返済額が一番多く、徐々に返済額は少なくなっていきます。元利均等返済よりも前半の元金部分の減るスピードが早く、トータルでの利息の負担が少なくなるのがメリットです。

両者の違いについては第6章で詳しく解説します。

②定年時のローン残高（定年までに繰り上げ返済をしなければならない額）

図2－6は、定年退職の年齢のときに残る住宅ローン残高を可視化したものです。30代前半までに家を買う人は、あまりこの定年時の残高を意識する必要はありません。定年まで30年近くあるため、ほとんどゼロになるからです。

アラフォー以上から住宅ローンをスタートする人は、「定年時の残高」に注意が必要です。住宅ローンの返済期間を長くすることで毎月の返済額は楽になりますが、その分、定年時のローン残高にしわ寄せがくるからです。毎月の返済額に加えて、**定年までに繰り上げ返済をしなければならない金額というミッションが加わります。**

③総支払額（借入費用＋毎月返済額×12×定年までの年数＋定年時のローン残高）

「総支払額＝住宅ローンにかかる費用＋毎月返済額×12×定年までの年数＋定年時のローン残高」です。

図2-6　定年退職のときに残る住宅ローン残高

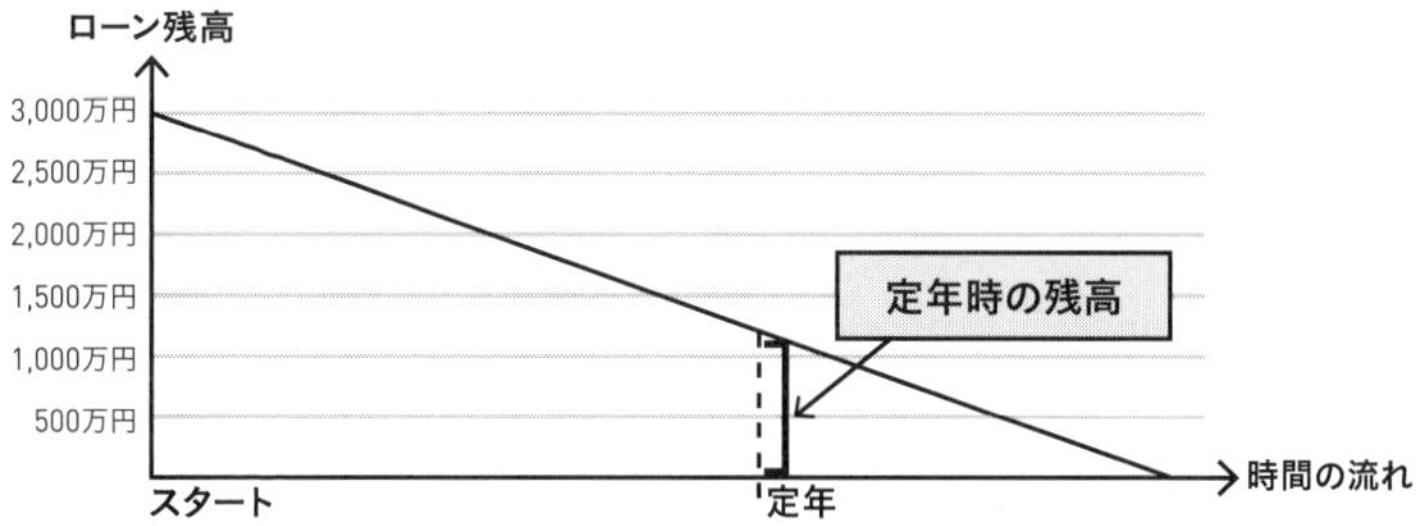

厳密な意味での総支払額ならば、住宅ローンにかかる費用に加えて、売買契約にかかる費用や火災保険料、引っ越し代なども入るのでしょう。しかし、ここでは住宅ローンの比較検討を行うことが目的なので、あえて住宅ローンに関係しない費用は無視して総支払額ということにします。

ここでのポイントは、**定年までの返済額と定年時のローン残高を合計する**ことです。簡易なシミュレーションの場合、定年までの年数ではなく、契約期間全体の年数での総額とすることがあります。しかし、これではまったく繰り上げ返済をせず、定年後もずっと現役時代と同じ返済を続けることを意味するため、実態を反映した数字にならないのです。

4 3つの「判断基準」

何を判断するのか？　何を優先するのか？

シミュレーションの結果として出てきた数字に対して判断を下していきます。ここでのポイントとして、「何を判断するのか？」「何を優先するのか？」という判断の基準について解説します。

①資金繰り……現役時代と老後、2つの持続可能性を確保する

「資金繰り」の観点が最も重要です。**シミュレーションの借入額が「今の自分の年齢**

と収入で無理なく返済できるのか？」を通じて、**「今の自分」の身の丈に合った家なのかどうかを判定**していきます。

また、資金繰りによって金利タイプを決定します。金利タイプを決めるということは、第1章で述べたように、**「住宅ローンの金利変動リスクに対してどう対処していくのか？」、その方針を決める**ということです。

◆①-1　現役時代の持続可能性のポイントと金利変動リスク

毎月の返済額を無理のない金額に抑えるようにしてください。

まず、何と言っても住宅ローンは返済を継続できてナンボです。「住宅ローンとは何か？」と聞かれたら、わたしは「毎月決まった金額を35年返済なら420回銀行に払うことだよ」と答えます。正確な定義でないことは百も承知ですが、これが住宅ローンで家を買う人にとっての本質なのです。**「420回ノーミスで続けることができるミッションなのか？」という観点で判断する**必要があります。

平均的な収入の人を想定した場合、**固定金利では毎月の元利均等返済額を手取り月収の4割以下に抑える**ことをおすすめします。

変動金利は固定金利よりも低金利となるので、毎月の返済額は小さくなります。し

図2-7　変動金利のほうがハードルが高い

例：3,000万円、35年、元利均等返済ボーナス払いなし

比較対象	変動金利	固定金利
金利	0.5%	1.0%
毎月の返済額	77,875円	84,685円
4分の1貯蓄	19,468円	–
合計	97,343円	84,695円
対応する手取り月収	243,358円	211,738円

4割以下にする余裕を持つ

変動金利のほうが高い収入が必要！

かし、変動金利には金利が上がるリスクがあるので、固定金利よりも多くの余裕を必要とします。そのため変動金利では、毎月の元利均等返済額の4分の1を貯蓄した上で、貯蓄と返済額の合計額を手取り月収の4割以下に抑えるのです。

そうすると、図2-7のように、同じ3000万円を35年で返済する場合の持続可能性では、変動金利のほうは毎月9万7343円となり、固定金利の8万4695円よりも高いハードルとなります。**毎月の返済額が少なくても、むしろ金利の上昇リスクに対応するためには、変動金利のほうが高い収入が必要となる**のです。

金利タイプと金利変動リスクへの対処法については、第3章でより詳しく解説します。

◆①-2 老後の持続可能性のポイントと返済計画

「毎月の返済額を払いながら、前半期間の13年（10年）で定年時のローン残高まで貯金を貯められるか？」がポイントになります。

次ページの図2-8の例であれば、前半の期間で定年時のローン残高と同額の貯金が貯まっていれば、完済できる自信がつきます。その後は老後資金を貯めていくという計画が立てられるのです。

前半期間の目安は、住宅ローン控除の13年（10年）とします。住宅ローン控除の正式名称は「住宅借入金等特別控除」といい、年末の住宅ローン残高に一定の控除率を乗じた額が、最大13回（または10回）所得税等から還付される減税制度です。

住宅ローン控除によって、住宅ローンの残高が多いほうが減税の恩恵が受けられる期間は、あえて繰り上げ返済をしないほうがお得です。

住宅ローンは完済すれば終わりますが、人生はその後も続きます。そして、わたしたちを待っているのは少子高齢化社会による収入減と負担増です。これは予測という

図2-8　定年時の残高を目標に前半で貯金を貯める

例：40歳、3,000万円35年元利均等返済ボーナス払いなし

比較対象	変動金利	固定金利
金利	0.5%	1.0%
毎月の返済額	77,875円	84,685円
60歳定年残高	13,502,175円	14,149,840円

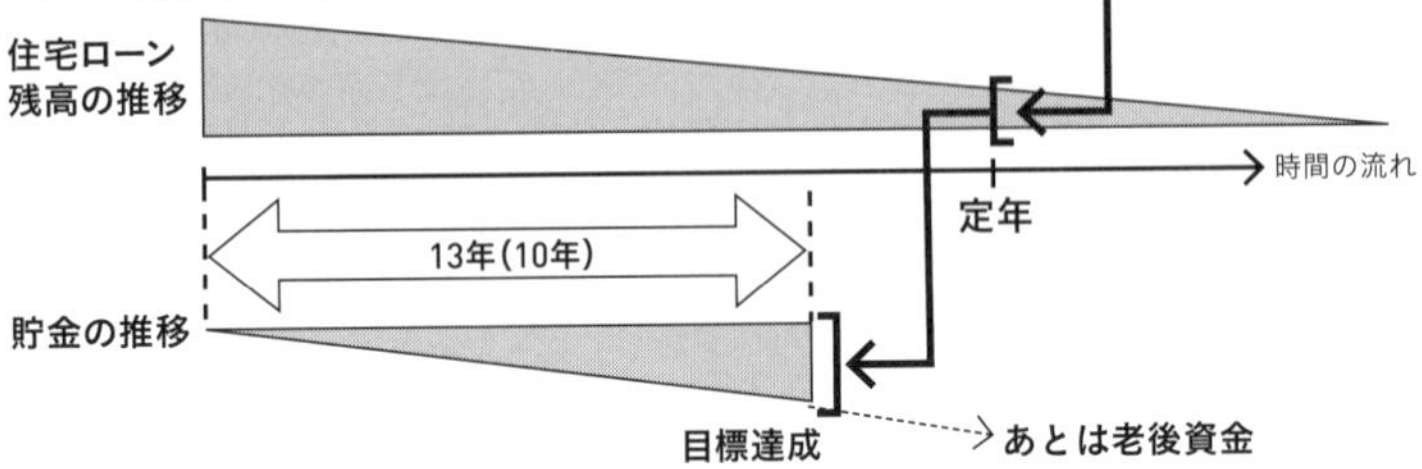
定年残高を目標に貯金する

より、既定の事実に近いものがあります。もちろん、すべての人が少子高齢化社会で収入を減らしてしまうわけではありません。当然に個人差はあるでしょう。しかし、明らかにこれまでとは変わる可能性が高い要素があります。

・旧定年の60歳からの5年間は年金が支給されず65歳からになる
・年金の支給開始は後ろ倒しになり受け取る年金は今よりも減少する

そのため、この**「住宅ローンを完済したとして老後を生きられるのか？」の視点が重要です。「住宅ローンの借入額と金利タイプを選ぶ」にあたって**

は、**これを自分自身で返済計画に織り込む必要がある**のです。老後破産の当事者は、他でもない自分自身だからです。

②借入費用……
金融機関のホームページの見方をマスターして把握する

「資金繰り」を検討することで、大方のことが決まります。住宅ローンを検討する時間の99%は資金繰りの検討に使います。このあとの「借入費用」と「総支払額」は枝葉だと言っても過言ではありません。

しかし、具体的な金融機関を選ぶ際に、資金繰りの面でほとんど差がなく甲乙つけがたい場合に、決定要素となり得るのが最初に払う「借入費用」です。

同じようなリスクなら、最初に払うお金は安いほうがいいのです。

借入費用の内容はさまざまありますが、次ページの図2-9のように、**「融資手数料型」と「保証料型」の2つのタイプに分かれます**。従来では、「融資手数料型」はネット銀行に多く、「保証料型」はメガバンクや地銀などに多いという住み分けがありましたが、最近はメガバンクや地銀のネット化が進んでいて、1つの金利タイプで融資

図2-9　借入費用の種類と２つのタイプ

借入費用	借入費用のタイプ	
	融資手数料型	保証料型
融資手数料	融資の事務手数料として 請求する。 **融資額の0.5 ～ 2.20%（税込）**	融資の事務手数料として 請求する。 **33,000 ～ 55,000円（税込）**
保証料	保証会社による保証は 行わないため**ゼロ円。**	保証会社が保証料として 請求する。 一括前払い型：**借入金額 ×2% ～** 金利上乗せ型：**借入金利＋0.2%**
印紙税	住宅ローン契約書に貼る印紙で借入金額による。 1,000万円超　5,000万円以下：2万円 5,000万円超　1億円以下：6万円	

手数料型と保証料型の２つのタイプを取り扱うメガバンクや地銀が増えてきました。

「融資手数料型」と「保証料型」は債権者側が請求するときの建前が違うだけで、どちらも融資額の２％プラスαの金額を最初に払うことになるのですが、その建前によって微妙な違いがあります。

「融資手数料型」の融資手数料は、文字通り融資の事務手数料なので、払い切りであり、期限前に全額繰り上げ返済をしても返金されません。

「保証料型」の保証料は、保証会社が銀行の住宅ローンの債権を保証する料金です。そのため、保証料を一括前払

図2-10　金融機関のホームページの例

団信保険料0円!　保証料0円!　繰り上げ返済手数料0円!
変動金利
年 0.XXX%
固定金利（10年）　年 0.XXX%
別途借入金額の2.20%(税込)の融資手数料が発生します。
※別途借入金額の2.20%（税込）の融資手数料が発生します。

いした場合は、住宅ローンの契約期間の保証料を前払いしたことになります。もしも期限前に全額繰り上げ返済をした場合には、残りの期間と減った元本に相当する金額を返金してもらえます。

返金の取り扱いの違いだけで判断すると「保証料型」のほうがお得に見えますが、住宅ローンの適用金利は「融資手数料型」のほうが低金利に設定されているので、必ずしもどちらかが絶対に有利だと断定できないようになっています。

この「融資手数料型」は、特に低金利を売りとする住宅ローンで採用されていることが多いのですが、図2-10

のようにホームページの中でも虫眼鏡で見ないとわからないほどに小さな字で書かれているので、注意が必要です。

団信保険料ゼロ円はどこの銀行でも同じですし、一部繰り上げ返済手数料ゼロ円は別に珍しいサービスではありません。そして、保証料ゼロ円は「融資手数料型」であれば当然のことです。では、「肝心の融資手数料は……?」というと、すごく小さな字で書かれているのです。

ちなみに、わたしはもう見慣れているので、**金融機関のホームページを読むときは小さな字で書かれているところしか注意して読みません。**

③ 総支払額……トータルでの損得勘定を行う

「総支払額」による比較は、借入費用と毎月返済額、定年時のローン残高を全部合計して比較するものです。

・借入費用：最初の支出

図2-11　同じ金利タイプで異なる金融機関を比較する

例：40歳、3,000万円、35年、元利均等返済ボーナス払いなし

	A銀行 固定金利1.0%	B銀行 固定金利1.1%	差額
融資手数料	880,000円	200,000円	680,000円
毎月の返済額	84,685円	86,091円	△1,406円
定年時のローン残高	14,149,840円	14,279,297円	△129,457円
総支払額	35,354,240円	35,141,637円	212,603円

・毎月の返済額：途中の支出
・定年時のローン残高：最後の支出

住宅ローン全期間の支出を総額で比較して損得を判断するのが主な目的です。図2－11のように、同じ金利タイプで異なる金融機関を比較して、どちらが得かを判定することができます。

金利だけの比較ではA銀行のほうが低金利でいい商品に見えるかもしれませんが、B銀行のほうが借入費用が安いことによって、トータルの損得勘定ではB銀行のほうが得だということがわかります。

また、次ページの図2－12のように、同じ金融機関で異なる金利タイプを比

図2-12　同じ金融機関で異なる金利タイプを比較する

例：40歳、3,000万円、35年、元利均等返済ボーナス払いなし

	A銀行 変動金利 0.5%	A銀行 固定金利 1.0%	差額
融資手数料	880,000円	880,000円	0円
毎月の返済額	77,875円	84,685円	△6,810円
定年時のローン残高	13,502,175円	14,149,840円	△647,665円
総支払額	33,072,175円	35,354,240円	△2,282,065円

較することもできます。

60歳定年までの20年間で、約228万円変動金利のほうが安くなるという結果になります。ただし、これによって変動金利が得ということにはなりません。詳しくは第3章で解説しますが、この228万円は固定金利によって、**定年までの年間にわたり金利を固定する保険の対価に相当する**と考えます。

5 「無理なく完済できる住宅ローンの金額」を知るための4つのルール

自分の物差しで無理なく返せる住宅ローンの金額を判断する

前著『家を買うときに「お金で損したくない人」が読む本』の中では、「無理なく完済できる住宅ローン」の4つのルールについて解説しました。

これは本書のテーマとも共通するものであり、この章で解説した住宅ローンのシミュレーションの方法と深いところでつながっているものなので、あらためてお話ししておきます。

☑「無理なく完済できる住宅ローン」の４つのルール

・ルール① 毎月の返済は「手取り月収の４割以下でボーナス払いなし」
・ルール② 返済額が一定になる「元利均等返済方式」
・ルール③ シミュレーションの金利は「固定金利」
・ルール④ 定年時のローン残高は「１０００万円以下」

ルール①②③は、現役時代と老後、２つの持続可能性を確保する「資金繰り」のうち、現役時代の持続可能性を確保するためのルールです。

ルール④は、定年時のローン残高を当初の10～13年で貯められる程度の金額に抑えるという点で、老後の持続可能性を確保するためのルールに相当します。

ルールとしての便宜のため「４割以下」などの具体的な数値を目安として挙げていますが、本来的には固定したものではありません。収入や家族構成によっては、３割でも厳しい場合もあるでしょうし、逆に5割でも問題なく家計が回る人もいます。

あくまで目安は目安とし、最終的には自分の物差しで無理なく返せる住宅ローンの金額を判断してください。

6 住宅ローン控除には上限があるので「たくさん借りたほうが得」とは限らない

建物の種類によって上限がある

住宅ローン控除は、年末の住宅ローン残高に一定の控除率を乗じた額が、最大13回（または10回）所得税等から還付される減税制度です。そのため、インターネットなどでは「住宅ローン控除があるので住宅ローンは借り得だ」と言われています。しかし、返ってくるのはローン残高の0・7％なので、住宅ローンの金利が0・7％超だと借りれば借りるほど得とは言えません。加えて、**1年で受けられる住宅ローン控除の金額には上限が設けられているので、借り過ぎてもかえって損をする**ようになっています。

この上限を正しく理解して、無駄なく減税の恩恵を得られる住宅ローンの借入額を把握していきましょう。

令和4年度税制改正により、住宅ローン控除の控除率は1％から0・7％に引下げられました。さらに、購入する住宅の環境または省エネ性能によって1年間に控除される税額に上限が設定されています。

☑ **例：居住用家屋を新築する場合等の上限額**

・認定長期優良住宅および認定低炭素住宅：35万円
・ZEH（ゼロエネルギーハウス）水準省エネ住宅：31・5万円
・省エネ基準適合住宅：28万円
・その他の住宅：21万円

借りる人の所得の金額によって上限がある

住宅ローン控除のもう1つの上限は、所得税＋翌年度の住民税（上限は前年の課税所得の5％と9万7500円のいずれか低いほう）です。

さすがに税金がマイナスになるということはないということです。こうすることで、

図2-13　年収ごとの住宅ローン控除の上限の目安

（単位：万円）

年収	所得税	住民税	住宅ローン控除の上限	住宅ローン金額
200	2.80	4.08	6.88	983
300	5.53	8.01	13.63	1,947
400	8.64	9.75	18.39	2,627
500	13.94	9.75	23.69	3,384
600	20.36	9.75	30.11	4,301
700	31.91	9.75	35	5,000
800	47.54	9.75	35	5,000
900	62.76	9.75	35	5,000
1,000	79.93	9.75	35	5,000

（注）この表では、新築の認定長期優良または低炭素住宅を前提として、年35万円を上限としています。（新築の認定住宅）

自分が課税されている税金で頭打ちになるので、借り過ぎを抑止することになるのです。

これを理解していないと、借り過ぎて利息の負担と借入のリスクだけ大きくすることになってしまいます。図2-13は、年収ごとの住宅ローン控除の上限の目安を一覧にした表です。

例えば年収が400万円の場合は、購入する物件が認定長期優良住宅だからといって、5000万円の住宅ローンを借りても、50万円の還付は受けられないのです。でも、考えてみれば400万円の年収で5000万円の住宅ローンはちょっと危険なのです。

図2-14　年収400万円で無理なく完済できる住宅ローンの金額

（単位：万円）

年収	月収	25歳	30歳	35歳	40歳	45歳	50歳
400	20	2,742	2,742	2,742	2,490	2,255	1,818

（注）固定金利1.2%として計算しました。

無理なく完済できる住宅ローンにしておくのが最善

例えば年収400万円の、「無理なく完済できる住宅ローン」（143ページ）の4つのルールに当てはめた住宅ローンの金額は図2-14のようになります。25～35歳では、住宅ローン控除の上限となる住宅ローンの金額に近似しています。そのため、無理のない住宅ローンの金額に収めておけば、自然と住宅ローン控除も有効活用できるでしょう。

住宅ローン控除に引っ張られて借り過ぎるのではなく、**あくまで自分が無理なく返済できる金額とし、繰り上げ返済をするタイミングは住宅ローン控除の期間が終わってからにする**のが賢いやり方なのです。

第3章

実は専門家も答えられない「住宅ローンの金利はどうやって決まるか?」を教えます

1 「原価」と「売価」から金利を考える

「金利」は金融機関が決め、毎月変動する

住宅ローンの「金利」は金融機関が決めるものであり、基本的に毎月変動するものです。この章では、**外部要因であり変動要因となる「金利」**にスポットを当てて解説します。

図3－1のように、住宅ローンを取り扱う金融機関は、金融市場から資金を調達して融資をしています。

小売店が原価と売価の差益によって儲けを得るように、金融機関は調達金利と融資金利の差益によって儲けを得ています。お金を商品にしていると考えれば、調達金利は商品の原価であり、融資金利は商品の売価です。

図3-1　金融機関は金融市場から資金を調達して融資をしている

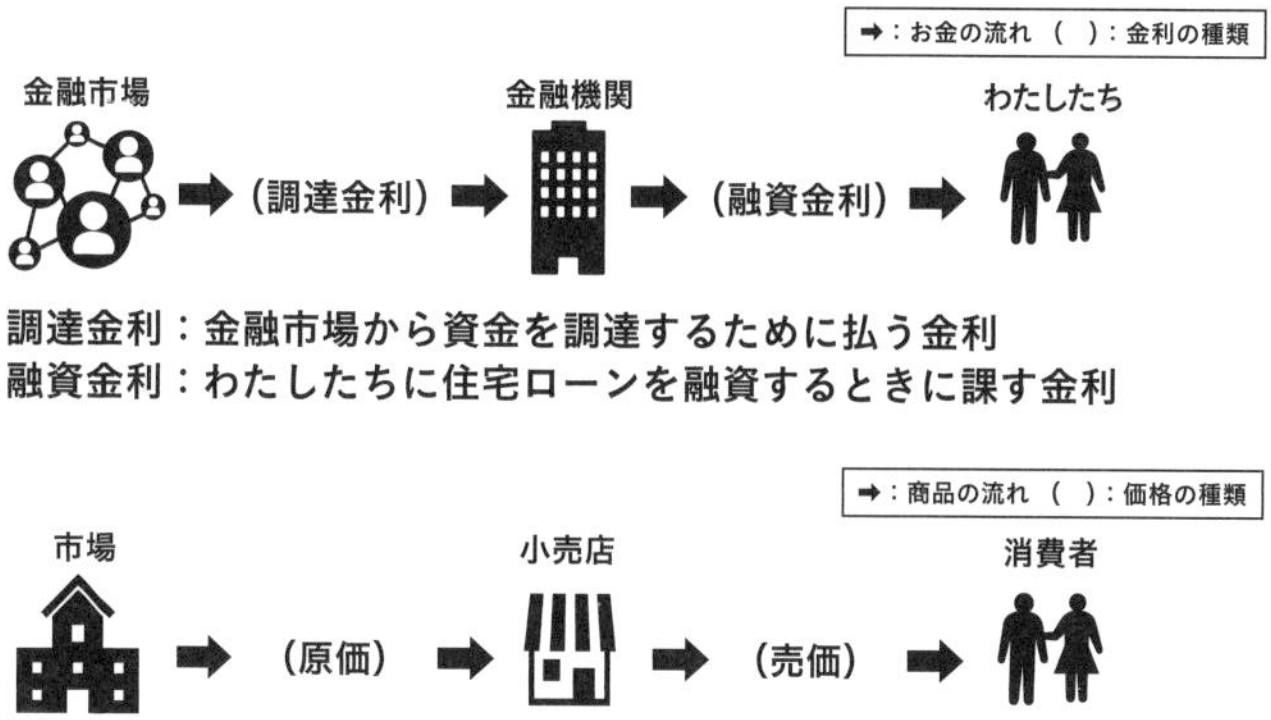

調達金利：金融市場から資金を調達するために払う金利
融資金利：わたしたちに住宅ローンを融資するときに課す金利

原価：市場から商品を仕入れる価格やコスト
売価：消費者に販売する価格

「原価」から金利を考える

金利を考える上では、「原価」と「売価」から考えてみると、流れをつかみやすくなります。まず、「原価」の面から金融機関が儲かる金利はいくらかを考えてみましょう。

金融というと少しとっつきにくい印象があるかもしれませんが、案外その仕組みは単純です。**その本質は安く仕入れて高く売ることで儲ける商い**です。

一般的なメガバンクの調達金利は、最近では概ね0・3%前後で推移しています。ですから、どんなに住宅ローンの金利を下げたとしても、0・3%以下にはならないだろうということが言えます。もし0・3%以下に以下に設定したとしたら、貸せば貸すほどに赤字になってしまうからです。

実際には、金融機関は調達金利の利息に加えて、給料などの人件費やその他の経費を払った上で利益を出さなければならないので、わたしたちに住宅ローンを貸すときの融資金利は、調達金利よりもさらに高くなければ赤字になります。

「売価」から金利を考える

次に、「売価」の面から民間銀行が付ける金利について考えてみましょう。

小売業のお店では「目玉商品」といって、ある商品の売り値を赤字覚悟の値下げをしてお客を呼び込むということがあります。これは、**赤字覚悟で値下げした商品では損をしても、同時に他の商品がたくさん売れることによってトータルで儲けを増やす**ことを意図したものです。同じような戦略が、民間銀行の住宅ローンでも見られます。

住宅ローンは最長35年の超長期間の契約ですが、多くの人は住宅ローンを組んだ銀行を給与振り込み口座に指定し、メインバンクとします。民間銀行は、このメインバンクになることを狙いとしています。

メインバンクになることで、先ほどの小売業の例と同じように、住宅ローン以外の保険や投信などの金融商品を販売するきっかけを多く得られるからです。**どんな金利（売り値）の住宅ローンがより多くのお客を集められるのか**も金融機関にとって重要な要素なのです。

つまり、わたしたちが住宅ローンの「金利」を理解するにあたっては、2方向からのアプローチが必要ということです。

- **金融機関にとって「原価」である調達金利はどうやって決まるのか？**
- **金融機関にとって「売価」である融資金利はどうやって決まるのか？**

これは民間融資か公的融資かで違ってきますし、住宅ローンの金利タイプによっても違ってくるのです。

2
民間融資の金利を「基準金利」と「引き下げ幅」で表示するのはなぜか？

民間融資の金利のカラクリ

民間融資の金利の表示方法は極めて独自色が強く、しかもわかりにくくなっています。まず、これを正確に理解することが民間融資の金利のカラクリを知る一番の近道です。

民間融資の金利は「基準金利」と「引き下げ幅」によって表示されています。それぞれの呼称はさまざまありますが、**「定価」と「値引き」の関係**にあります。

あるメガバンクの変動金利の基準金利は２００９年１月から10年以上変わらず、ずっと２・４７５％なのですが、これは定価であって、２００９年１月に融資していた住宅ローンの金利は2・475％から1・5％引き下げた0・975％でした。「定価は2・475％だけど、1・5％値引きして0・975％の金利で貸してあげよう」ということです。

そして、2020年6月に新たに借りる人には2・475％から1・975％引き下げて、0・5％で新規の融資を行っています。しかし、2009年1月に借りた人は変わらず0・975％のままです。

同じ銀行の同じ変動金利を借りていても、借りた時期によって引き下げ幅が違うので、金利も違うということです。小売店で商品を買うときに、同じ商品でも購入した時期によって価格が違うのと同じです。

引き下げ幅で価格競争をしている

住宅ローンの金利の表示の仕組みを一見してわかりにくい2重方式（基準金利－引き下げ幅）にしている理由は、**過去に借りた人の金利を変えずに、引き下げ幅で価格競争をするため**なのです。

図3-2　同じ銀行の住宅ローンでも借りた時期によって融資金利が違う

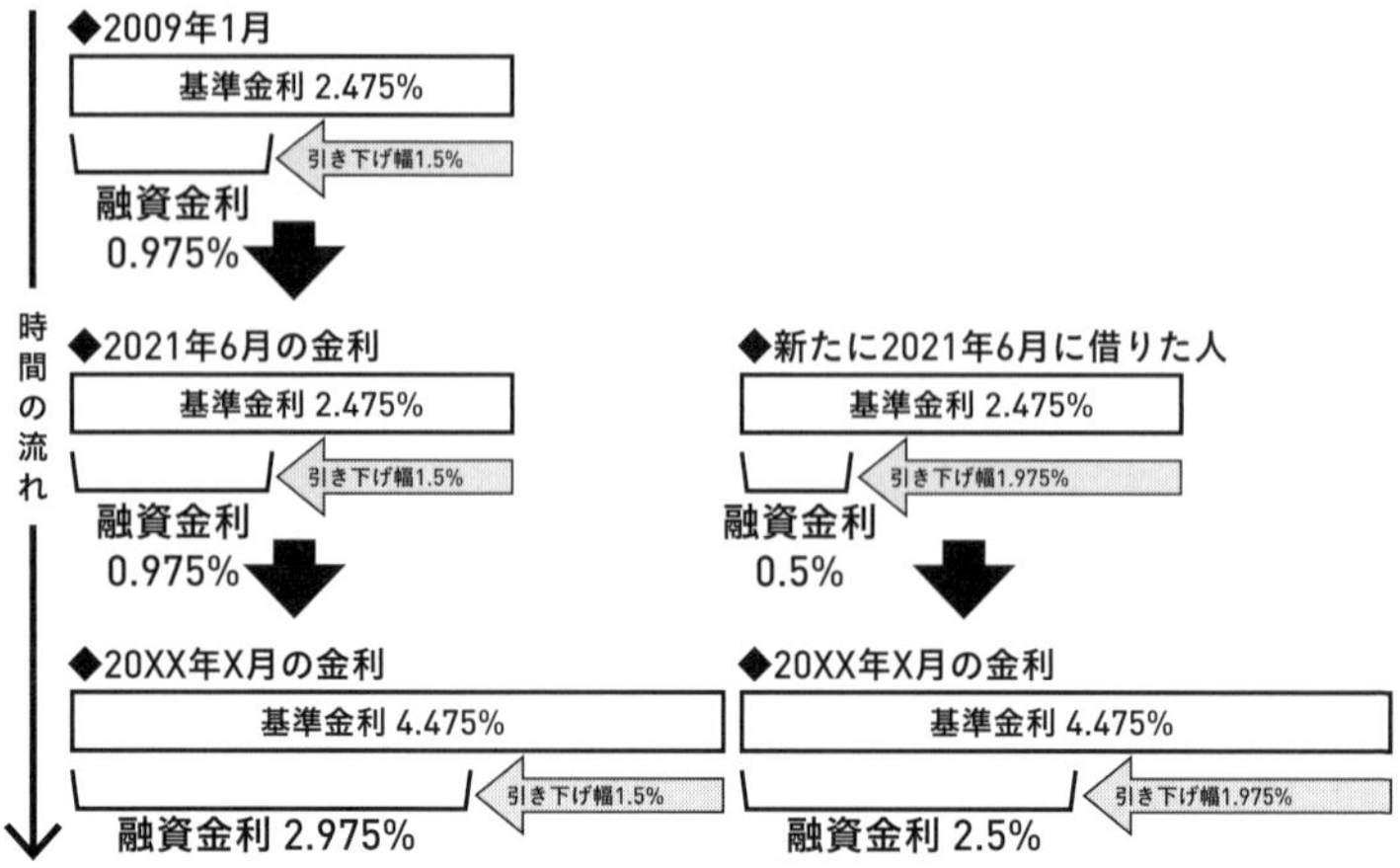

例えば、この状態から基準金利が2%上昇すれば図3-2のようになります。

引き下げ幅は契約のまま変わらず、基準金利が2%伸びるため、過去から借りている人もこれから借りようとする人も等しく一律に2%高い金利になるのです。

基準金利を上下すれば、過去に借りた人もこれから借りる人も同じく、全体的に金利を上下することになります。

これに対して、引き下げ幅を上下させることは、過去に借りた人の金利は変えずに、これから借りる人の金利だけを下げたり上げたりすることになります。

3 民間融資の変動金利の決まり方

変動金利は短期プライムレートと同一幅で推移する

民間融資の変動金利は、その金融機関が決める「短期プライムレート」（以後「短プラ」）と同一幅で変動するというルールが一般的です。**すべての金融機関の変動金利が同じルールで動くとは限らないので注意が必要**ですが、この一般的なルールを採用している金融機関が多いです。

短プラとは、民間の金融機関が優良企業向けに1年以内の期間で貸し出すときに適用する最優遇貸出金利です。いわば融資金利の定価のような位置付けです。

その短プラは、次ページの図3－3のように、日本銀行が民間金融機関に対して当座のお金を融資するときの金利である短期政策金利の影響を受けます。

図3-3　短期プライムレート

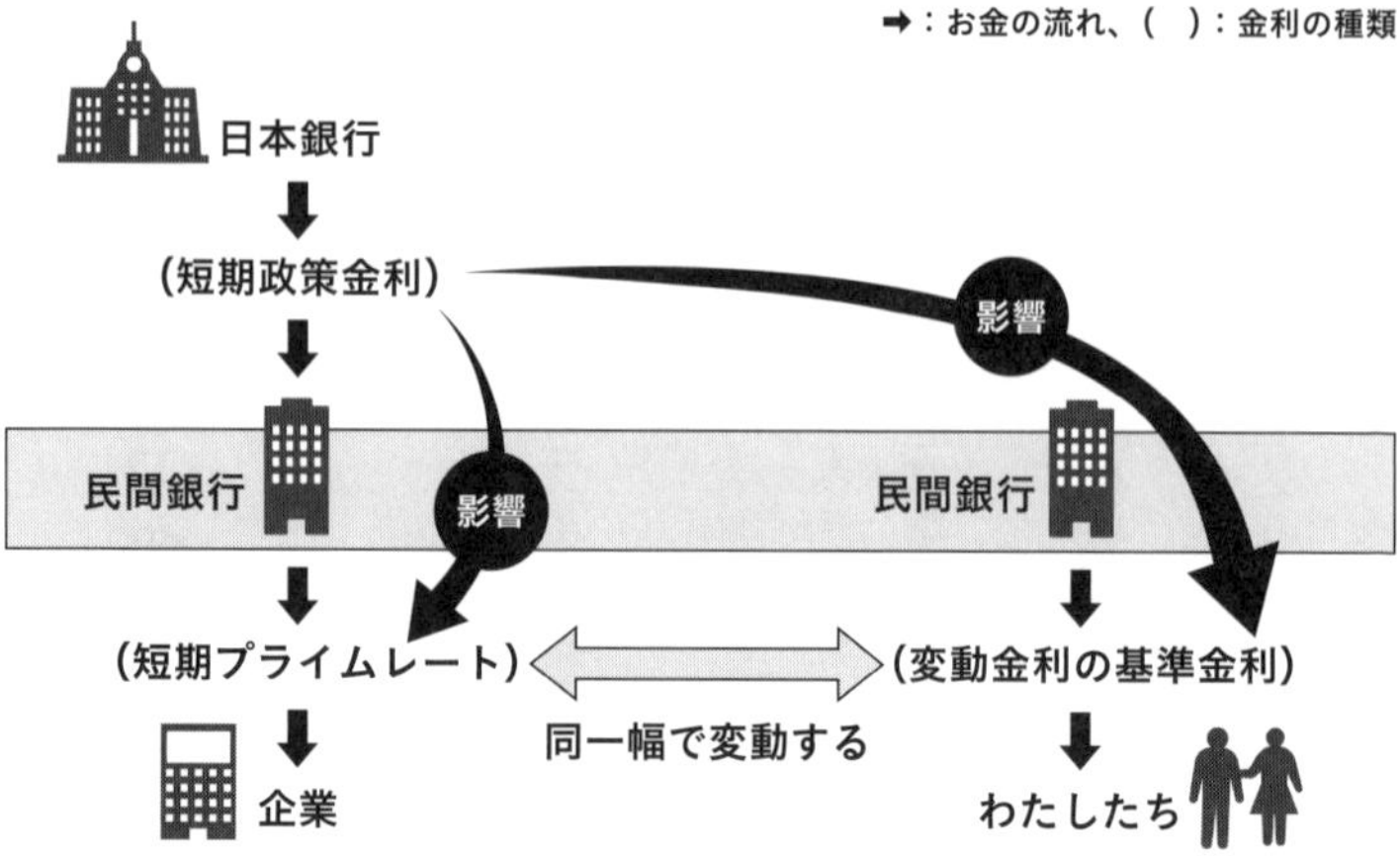

景気が悪いとき、日本銀行は短期政策金利を下げて、民間銀行が短プラを下げるように誘導します。短プラが下がると企業が設備投資資金を借りやすくなり、これによって設備投資が盛んになると景気が上向くと考えるからです。

また、短プラが下がれば、同じ幅で住宅ローンの変動金利も下がり、家を買いやすくなります。多くの人が家を買えば、住宅・建築業の景気がよくなることを見越しての施策です。

このように、**日本銀行は政策金利を操作することによって、民間銀行が一般企業に融資するときの金利や、わたしたちに住宅ローンを融資するときの金利を誘導しているの**です。

図3-4　過去10年間の短期政策金利と短プラの推移

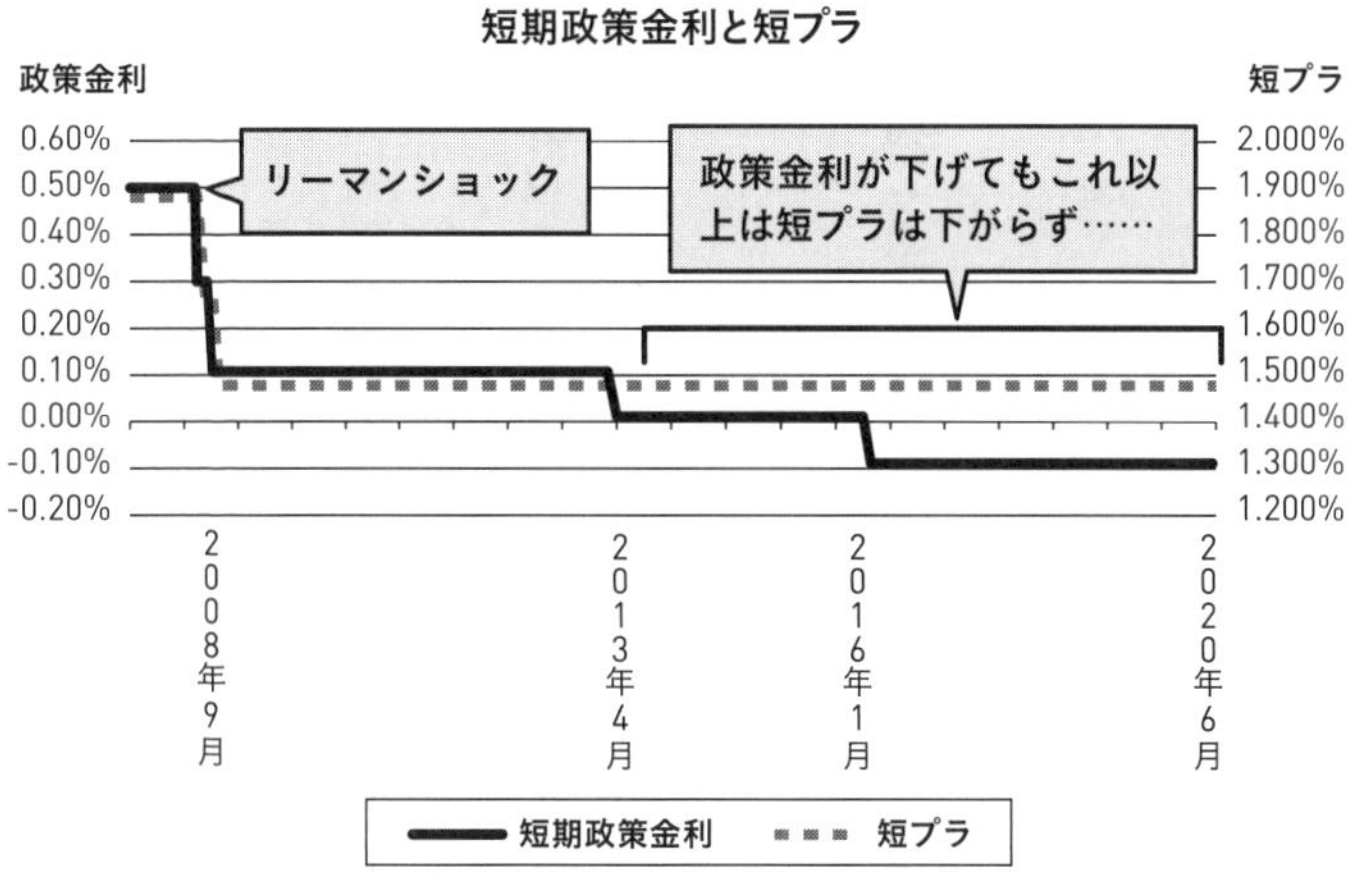

民間融資の変動金利がなぜ安いのか？

メガバンクやネット銀行の変動金利は非常に低金利ですが、なぜここまで低金利になったのでしょうか？　その理由を解説します。

図３－４のグラフは過去10年間の短期政策金利と短プラの推移を表しています。

２００８年9月のリーマンショック以後、日本銀行は景気を上向かせるために短期政策金利を下げることで、短プラを低い水準に抑えてきました。これは、金融機関が貸し出す金利を低金利に誘導することで、民間企業の設備投資を促し、景気を上向かせようとする金融緩和政策です。

しかし、2013年4月に短期政策金利をゼロ％に下げても短プラは下がらず、さらに2016年1月のマイナス金利政策で短期政策金利をマイナス0・1％にまで下げましたが、それでも短プラはピクリとも下がらず、今に至っています。

つまり、短期政策金利の影響を受ける短プラは、今の水準が底であり、これ以上は下げられない水準まで下がっているという状況ということがわかります。そして、**短プラがこれ以上、下げようのない底の水準ということは、住宅ローンの変動金利もまた底の水準なのです。**

コロナ禍で当分は変動金利は上がらない？

「2020年にはオリンピックで景気が上がるか？」と思われていた矢先、コロナショックの強烈なダメージを受けました。さらに長期間にわたって不況が続くかもしれません。しかし、**「当分は日本銀行が政策金利を上げることはないだろうから、安心していい」**などという、ネット記事を真に受けて変動金利を選ばないほうがいいでしょう。

まず、彼らの言う「当分」とは、どのくらいの期間を指すのでしょうか？　そもそも住宅ローンの期間は最長で35年なので、「当分」などという短期のスパンで決めることではありません。

そして、**将来を予想できる期間の最大レンジは5年**です。これは大企業が中期経営計画などで数字付きで将来を予想するときの年数ですが、達成できるという保証はありません。というより、**その計画通りになることのほうが珍しい**のです。

35年の住宅ローンを変動金利で借りるのに、5年程度のレベルの期間で金利が上がらないと言われたところで気休めにもなりません。さらに、彼らの予想通りになることのほうが珍しいとなれば、将来の金利動向を予想しようとすること自体がナンセンスなのです。

さらに、**変動金利が上がるのは「日本銀行が政策金利を上げたとき」だけとは限りません**。日本銀行が短期政策金利を通して短プラや住宅ローンの変動金利に影響を与えるとはいうものの、意のままに操作できるわけではないからです。

先述したように、2013年4月以降、日本銀行がいくら政策金利を下げても短プラはピクリとも動いていません（図3－4）。これは多くの金融機関が日本銀行の意向に沿わず、短プラを下げていないからです。

つまり、金融機関は日本銀行の政策に反して短プラを上げることだってできるのです。それは住宅ローンの変動金利についても同じことです。**いつでも金利を上げることはできるけれど、あえて上げていないだけのこと**なのです。

今、民間銀行が住宅ローンの変動金利を上げないのは、他行が金利を上げていない中で、自行だけが金利を上げたら、住宅ローンを借りている人がこぞって他行へ借り換えてしまうことがわかっているからです。

裏を返せば、**他行に借り換えられないような状況、他行も横並びで変動金利を上げることが確実な状況となれば、ためらわず金利を上げる**でしょう。

こうした事態は、日本銀行が現在の金融緩和政策を実行するにあたって、最も恐れているシナリオの1つです。日本銀行は物価の安定と金融システムの安定を通じて国民経済を守るのが責務ですが、金融政策を通じてできることには自ずと限界があるのです。

「住宅ローンの変動金利がいつ上がるか?」

「上がるとすればどれだけ上がるか？」

これは、債権者である金融機関がそのときになってから、彼らのさじ加減で決めることです。上げられるなら、今すぐにでも上げたいと思っているはずです。

肝に銘じておくべきなのは、**変動金利で借りるということは、債権者側の都合で金利を上げることができる契約でお金を借りているのだという認識なのです。**

4 「変動金利のリスク」を本当に理解していますか？

「変動金利のリスク」にどう対処すればいいのか？

住宅金融支援機構の民間住宅ローン利用者の実態調査によると、変動金利を選ぶ利用者は6割にのぼるそうです。そして、変動金利を選んだ人の中で、適用金利や返済額の見直しルールを「まったく理解していない」「よく理解していない」「理解しているか少し不安」という回答が半分近くを占めています。

半数以上の人が変動金利を選び、その半数近くは変動金利タイプがどういうものかを知らずに選んでいるのです。これは怖いことだと思いませんか？

さらには、変動金利のリスクをわかっていると思っている人が、本当に理解しているとも限りません。実に多くの人がそのリスクを誤解しているのです。例えば、変動金利で借りていて「変動金利が上がったら返済を続けられなくなるかも……」という人がいたならば、この人は変動金利のリスクを理解しているとは言えません。

ここからは、「変動金利のリスクにどう対処すればいいか？」をわかりやすく解説します。

変動金利のリスクとは「最後に完済できないリスク」

「元利均等返済方式（毎月の元本と利息の支払額合計を均等にする返済方法）」であった場合には、次ページの図3－5の「5年ルール」と「125％ルール」によって、毎月の返済額がすぐには上がらないようになっています。

つまり、住宅ローンの実行翌月に変動金利がどんなに上がったとしても、5年間は最初に決めた返済額のままです。そして、5年経過してからは変動金利がどんなに上がっていたとしても、最初の毎月返済額の125％までとされているのです。そしてまた5年間は上げることができません。

図3-5　元利均等返済方式の５年ルールと125%ルール

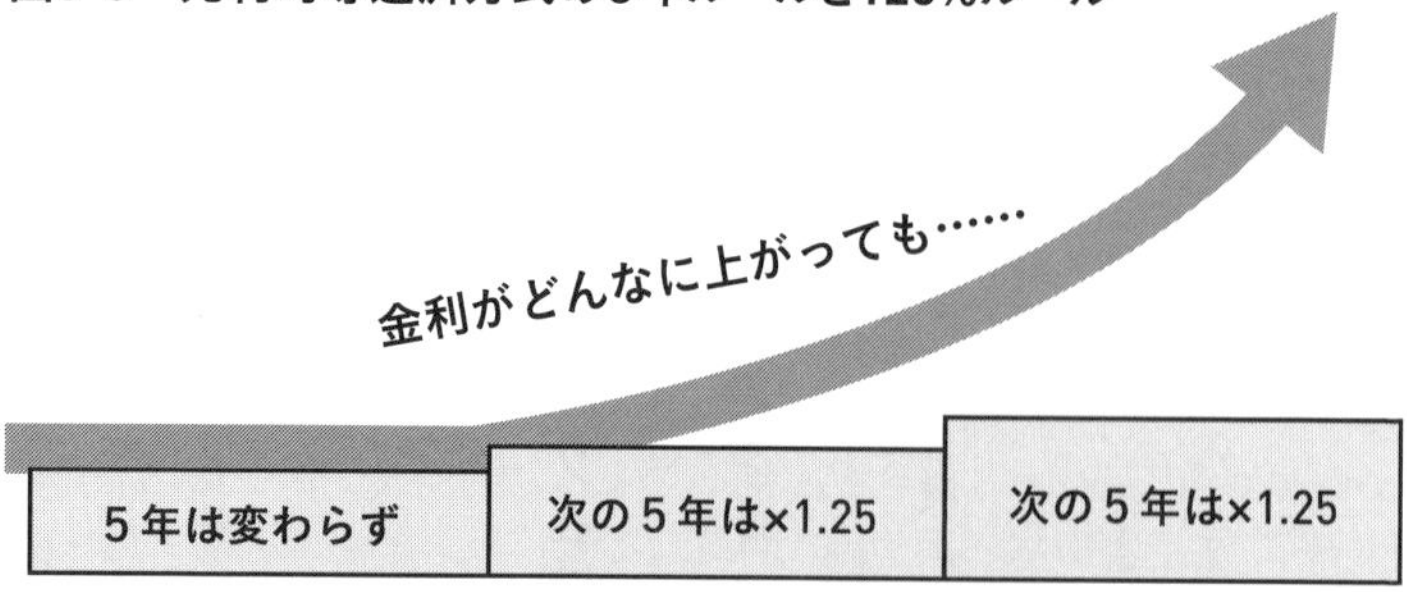

・５年ルール ……　金利が上がっても５年間は直前の
元利均等返済額のまま変わらない

・125%ルール……　５年経過して毎月返済額を上げる場合、
上限は直前の1.25倍まで

最初の毎月返済額の１・25倍まで耐えることができるならば、どんなに変動金利が高騰したとしても10年間はマイホームを維持することができるのです。変動金利がいくら上がっても、住宅ローンの返済を続けること自体は可能です。

困るのは、むしろ最後なのです。どんなに金利が上がっても家計にさほどの痛みはなく、最終回に先送りされるからです。**支払利息が増えたのに返済額が増えないということは、当初の予定通りに元本が減らないこと**を意味します。予定通りに減らなかった元本は底溜まりに溜まっていくのです。

その溜まった元本は、住宅ローン契

約で決めた完済日には返済するように請求されます。一括で払えなければ分割でということになるのでしょうが、当然それにも利息が付きます。

つまり、**変動金利で金利が上昇したときのリスクは、住宅ローン契約の途中で返済を続けられなくなるリスクではなく、住宅ローン契約の最後に完済できないリスク**なのです。

「5年ルール」と「125%ルール」の適用がない場合のリスク

この「5年ルール」と「125%ルール」は多くの金融機関が採用しており、ルールの内容も共通していますが、**必ずしもすべての金融機関が採用しているわけではありません**。一部のネット銀行や大手銀行では採用しておらず、ホームページの目立たないところにこっそりと書いてあります。

第2章では、高い融資手数料の例を紹介しましたが、変動金利の「5年ルール」「125%ルール」の適用がないというような、**お客に知られたくない不都合な情報は目立たないところに隠されていることが多い**です。

また、「5年ルール」と「125％ルール」は元利均等返済方式（毎月の元本と利息の支払額合計を均等にする返済方法）の場合にのみ適用されるものであり、**元金均等返済方式（毎月の元本の返済額を均等にする返済方法）の場合には、そもそも適用がありません。**

元金均等返済方式の場合には、変動金利が上がった月から利息が増え、利息が増えた分だけ毎月の返済額が増加します。

つまりこの場合だと、変動金利で金利が上昇したときには、住宅ローン契約の途中で返済を続けられなくなる可能性が増える一方で、元本は契約通りに減るため、住宅ローン契約の最後に完済できない可能性は減るのです。これについては第6章でも詳しく解説します。

金利が上がったら「繰り上げ返済」か「売却」

では、変動金利が上がったらどうしたらいいのでしょうか。一言で言うと**「残高を減らす」**のです。

金利の主導権は銀行側にあります。変動金利が上がった時点（またはその直前）で「固定金利に借り換えて安い金利を維持しよう」というのは絵空事です。

銀行は変動金利を上げる前に、あらかじめ固定金利を上げています。「マーケットの動向から総合的に勘案して固定金利を上げることにしました」という建前です。つまり、変動金利が上がりそうだ（または上がった）から固定金利に変更しようと思うタイミングでは、今よりも高い固定金利が適用になります。

そして、銀行が変動金利を上げるということは、他の銀行も横並びで金利を上げている状態なので、他行に借り換えても無駄なのです。

銀行を相手に金利で勝ち目はありません、わたしたちは残高で対抗するのです。「いつ金利が上がるか？」「どれだけ上がるか？」というポイントは、銀行に握られています。金利に関しては完全に不利な状況なので、相手の土俵で戦っては勝ち目はありません。

では、残高はどうでしょうか？　変動金利を上げたらわたしたちがどれだけ繰り上げ返済をするかについては、銀行はコントロールできません。インターネットで手続きすればいつでも、ノータイムで、無料で、繰り上げ返済をし、利息の負担を減らすことができます。

また、残高を減らすもう1つの方法は「売却」です。**わたしたちが物件を売却して全額返済してしまったら、銀行はやっと上げることのできた変動金利の利息を得ることができなくなります。**

①「繰り上げ返済」の資金はどのくらい必要か？

例えば、元利均等返済方式であれば、変動金利が上がっても、いきなり毎月の返済額が増えるわけではありません。「5年ルール」と「125％ルール」があるからです。

しかし、金利が上がっても毎月の返済額が増えなければ元本が底溜まりに残ってしまい、結局は最終回に一括で返済しなければなりません。

そこで、**変動金利が上がったときに毎月の返済額を維持したまま予定の年数で完済するには、いくら繰り上げ返済をすればいいいか**、という物差しで測っていきます。

例えば、4000万円を変動金利0・5％の35年元利均等返済方式で借り入れた場合、毎月の返済額は10万3834円です。

次ページの図3－6は、金利が上がった場合に、10万3834円の元利均等返済額を維持したまま当初の35年で完済するには、金利が上がった時点で即座にいくら繰り上げ返済をすればいいか、という金額をまとめました。

この表では、借入から5年後には残期間30年になっており、そのときの住宅ローン残高は3470万円です。

その時点で金利が0・5％から2・5％に上昇したら、即座に847万円を繰り上げ返済をすることで、今後同じ毎月返済額のままでも元本が底溜まりにならず、当初の予定通りに完済できるということです。

誤解してほしくないのですが、この表は今後これだけ金利が上がるという予想ではありません。**4000万円という金額の住宅ローンを変動金利で借りる場合の金利変動リスクを、金額で「見える化」する**ことが目的です。

わたしの運営する「千日の住宅ローン無料相談ドットコム」には、任意の条件でこれと同じ表を出力するシミュレーターがありますのでご活用ください。

繰り上げ返済で対応できるキャパシティは、収入や自己資金の金額によって違います。つまり、**表の金額を見て感じるストレスの程度が、自分にとっての本当の変動金利のリスクの大きさ**です。

図3-6　金利が上がった場合に繰り上げ返済すべき金額

（単位：万円）

4,000万円の借り入れから金利上昇したら繰り上げ返済すべき金額				
残期間	30年	25年	20年	15年
残高	3,470	2,927	2,321	1,800
0.5%→1.0%	246	173	114	65
0.5%→1.5%	465	331	221	128
0.5%→2.0%	666	477	320	187
0.5%→2.5%	**847**	612	413	243
0.5%→3.0%	1,010	738	500	297
0.5%→3.5%	1,162	852	581	347
0.5%→4.0%	1,298	960	659	396
0.5%→4.5%	1,423	1,060	730	443
0.5%→5.0%	1,541	1,150	799	488

②「売却」を想定した物件選び

物件を売却することによっても、大きく残高を減らすことができます。金利が上がると決まったわけではないため、売ると決めて購入することをすすめているのではありません。ただ、**変動金利を選ぶ以上は金利が上がってもおかしくはないですし、それによって完済できなくなるなら、売却するほかない**のです。

もしも、「この家を売るなんて考えられない」という考えであれば、変動金利を選ぶべきではないのかもしれません。

5 民間融資の固定金利（当初固定、全期間固定）の決まり方

金融マーケットの長期金利の影響を受ける

「固定金利（当初固定、全期間固定）」は、契約で決めた期間にわたって金利を固定するタイプの住宅ローンです。その基準金利は、マーケットの長期金利（主として10年国債利回り）の影響を受けます。

例えば、金融機関が10年固定金利の商品を販売する場合、図3－7のように**「金融機関が10年固定金利で調達した金利に利益を乗せて10年固定金利を融資している」という建前**をとっているのです。

実際に金融機関が住宅ローンの融資に合わせて、1対1の対応関係で金融市場からお金を調達しているわけではありません。あくまで、そういう建前のもとで価格を決

図3-7　金融機関が10年固定金利の商品を販売する場合

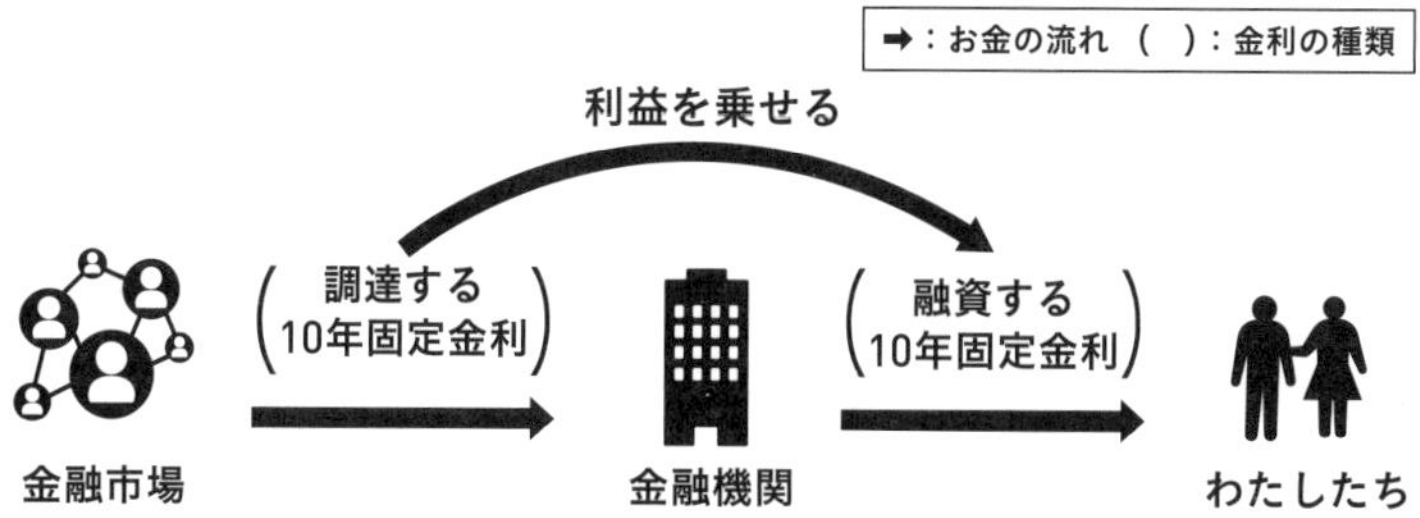

めているということです。

金利は融資の実行月になってから急に上がることもある

融資の実行月に急に固定金利が上がるということは、毎月払う返済額が最長35年（420回）分、増えるということです。

しかし、**金融機関の言い分としては、「住宅ローンの固定金利が上がってしまったのはわたしたちのせいではなく、マーケットの長期金利のせいです」**となるのです。

長期金利とは、一般に償還期間10年の国債利回りを意味します。ちなみに、10年国債はあらゆる金融商品を評価する際のベースとなっています。金融商品を評価する際に「リスクプレミアム」という言葉が使われますが、これは長期金利と比較してどの程度金利が高いかを示す言葉です。
つまり、民間住宅ローンの固定金利（当初固定、全期間固定）は、概ねどの固定期間であっても10年国債利回りを参考にして決定し、月初めにその月に適用する金利を発表しているのです。そして、10年国債利回りは、日々というよりも世界のどこかで取引されている限りは常時変動しています。

「ここ最近は市場が安定しているし、住宅ローンの○年固定が低金利だから、○年固定に決めた！」

こう考えていても、**ちょっとした世界情勢の変化に市場が過敏に反応し、わずか1日で長期金利が高騰する**こともよくあります。
長期金利が上がったら、当然に月初めに公表される住宅ローンの固定金利は上がります。もし、すぐにその騒ぎが沈静化して長期金利が下がったとしても「それはそれ、これはこれ」です。**ひとたび融資が実行されたなら、実行時の金利で返済していかなければ住宅ローンは終わらない**のです（金融機関の合意のもとで金利を変更する場合を除く）。

直前になって長期金利が上がり、それまで安かった住宅ローンの固定金利が上がってしまうというのは、決して不運なアクシデントではありません。**そういうことが有り得ることをあらかじめ想定しておくべき**です。

それを知らずに、早くから住宅ローンを1つに絞ってしまい、1つの金融機関でしか審査を通さない人がいかに多いことか。この本を読んでいるあなたは、決してそのようなミスを犯さないようにしてください。

固定金利は途中で変更することもある？

固定金利とは、契約で決めた期間ずっと金利を固定するものだというのが原則です。しかし、民間金融機関が融資する固定金利は、例外的に上がることがありますし、逆に下がることもあります。

住宅ローンの約款を隅から隅まで読んでみましょう。固定金利であっても次のような規定があるはずです。

前条（項）にかかわらず、銀行は金融情勢の変化その他相当の事由があると認められる場合には、借入金利を相当の範囲で変更することができるものとします。

これは、固定金利であっても「相当の事由」がある場合、銀行が借入金利を「相当の範囲で」変更できるということです。

ただし、今までこの条項によって金利が変わったことはありません。つまり、前代未聞の世界的な大事件が勃発するようなケースなので、現実的にはあまり想定しなくていいでしょう。もう少し現実的なケースとして想定すべきは、**あとから交渉して金利を下げてもらうこともできる**ということです。

今後35年の間には、自分が借りたときよりもはるかに長期金利が下がるということがあるかもしれません。他行に借り換えることで得になる場合には、銀行に見直しを申し出て金利を下げてもらうことができます。

固定金利を選ぶ人の中には、「金融市場のような、よくわからないものに金利に左右されたくない」という人が多くいます。たしかに、固定金利を選べば金利の変動リスクはありません。だからといって、**あまり経済情勢に無頓着過ぎると、金利を下げてもらうチャンスをみすみす見逃してしまい、これが結果として１００万円を超える機会損失になることも珍しくない**のです。

わたしはこうした得になるケースが発生した場合には、リアルタイムにブログやYouTube等で情報を発信していますが、固定金利で借りた場合であっても、金利の情報を収集しておくことをおすすめします。

6 当初固定金利の甘いワナ

固定期間が終わるタイミングが重要なポイントになる

当初固定金利は固定期間が終わるタイミングが重要なポイントになるのですが、そこに不安を感じている人が多いと思います。

ここからは、「当初固定金利のリスクにどう対処すればいいか？」をわかりやすく解説します。

当初固定金利のリスクは「当初期間が終わったあと」にある

当初固定金利は、当初の期間は金利が固定され、終わった時点であらためて金利タイプを決めます。

当初固定金利を選ぶ際には、必ず当初期間が終わったあとの引き下げ幅をチェックしてください。図3－8のように、当初期間が終わったあとは「引き下げ幅」が小さく設定されているケースがほとんどです。

基準金利　：その時の金融マーケットによって変わる
引き下げ幅：当初の契約で決まっている

特に低金利をアピールしているメガバンクやネット銀行の当初固定タイプは、当初期間の金利引き下げ幅が大きく設定されており、**当初期間終了後の金利引き下げ幅は小さく設定されている**ことが多いです。

例えば、次ページの図3－8の場合では、一見するとA銀行のほうが低金利でお得

図3-8　10年固定金利の仕組み

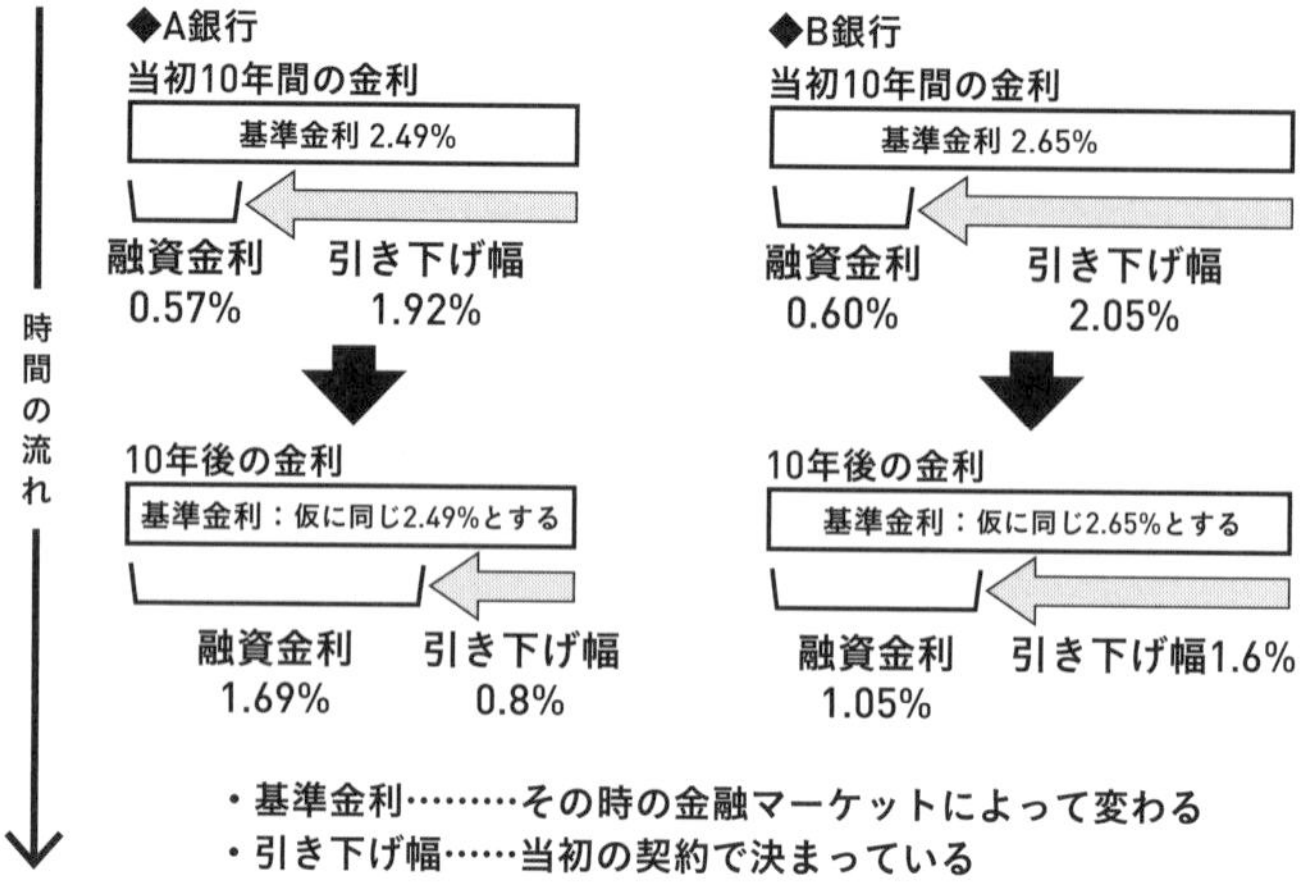

なように見えます。しかし、当初の10年間はA銀行のほうが0・03%低金利ですが、その後は引き下げ幅が減るので、残りの25年は（1・69%－1・05%＝）0・64%もA銀行のほうが高金利になります。つまり、A銀行の当初の低い金利はワナなのです。

そしてA銀行のホームページでは、あとから引き下げ幅が減ることは、目立たないように表示されています。

また、当初固定金利タイプには、変動金利の5年ルールと125%ルールがありません。当初固定期間が終了した時点で、基準金利から引き下げ幅を引いた金利がかかります。その金利が上がっていた場合には、その月から返済額が上がることになります。

つまり**当初固定金利は、当初期間が終わったあとに金利変動リスクを先送りするタイプの住宅ローン**です。

当初期間が終わったときに元本を大幅に減らすことでリスクに対応する

「10年後の金利は上がるか？　下がるか？」、これを考え始めてもキリがありません。金利を決めるのは自分ではなく、そのときの市場だからです。「金利がそんなに上がらなければ」という前提で当初固定金利を選ぶと、ずっと金利の動向にビクビクしながら過ごすことになってしまいます。

・当初期間終了後の「金利」を予測せず、「残高」を予想する

これが、わたしがおすすめする対処法です。わからないことに決断の軸足を置くことがそもそもの間違いなのです。10年後の金利動向は、金融のプロである銀行ですら予想できません。そのため、「そのときの基準金利によります」ということにして金利変動リスクをとっていないのです。

では、**何を軸足にすればいいのでしょうか？　答えは「当初期間終了時のローン残高」です**。これは、シミュレーションすれば確定数値として出るからです。

第2章の「資金繰り」では定年時のローン残高を目標として貯金をすることをおすすめしましたが、当初固定金利で住宅ローンを借りる場合は、図3－9のように**当初固定期間終了時のローン残高を目標として貯金をする**ことをおすすめします。

わたしの運営する「千日の住宅ローン無料相談ドットコム」にはその残高を計算するシミュレーターがありますのでご活用ください。目標額が貯まれば金利変動リスクを半減させることができる反面、**「ちゃんと目標通りに貯金ができるか？」というリスクは残ります。**

また、**「当初固定期間＝定年退職までの期間」とするのもよい方法**です。40歳代で住宅ローンをスタートする人ならば20年固定金利、50歳代で住宅ローンをスタートする人ならば10年固定金利です。

当初固定期間までに完済する返済計画とすれば、金利変動リスクをゼロにできます。

図3-9　当初固定期間終了時のローン残高を目標に貯金をする

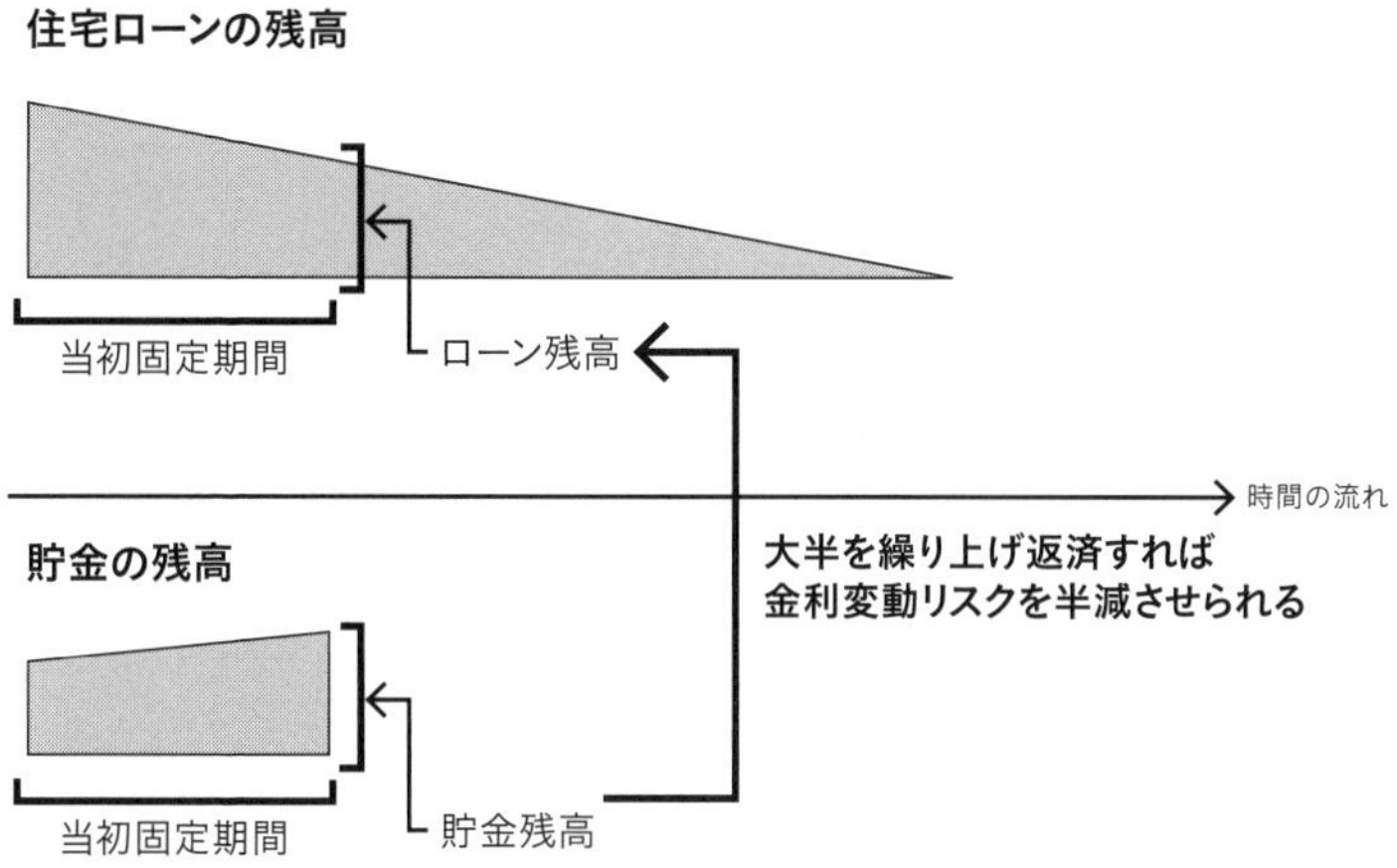

その代わりに**「完済した上で老後資金も残っているか？」というリスクを負います。**

どちらも、金利の変動リスクを減らす代わりに、資金計画のリスクを負うことになります。**金利変動リスクを自分の貯金リスクに変換するのです。**

金利はそもそも、自分でコントロールできません。**コントロールできない要素でリスクをとることを「ギャンブル」といいます。**

リスクをとるのは自分でコントロールできることにしておくべきです。家を買うことは、ギャンブルではないのです。

7 公的融資「フラット35」の金利の決まり方

買取型と保証型のスキーム

「フラット35」は、国の機関である住宅金融支援機構が取り扱う全期間固定型の住宅ローンです。最長35年間金利が固定されます。

フラット35の融資スキームには、「買取型」と「保証型」の2タイプがあります。

「買取型」は、住宅金融支援機構が金融機関からフラット35の債権を買い取って証券化し、機関投資家に債券市場を通じて「機構債」という形で販売するという仕組みになっています。

民間金融機関は住宅ローンのお金を出しますが、すぐに住宅金融支援機構に債権を

図3-10　買取型のスキーム

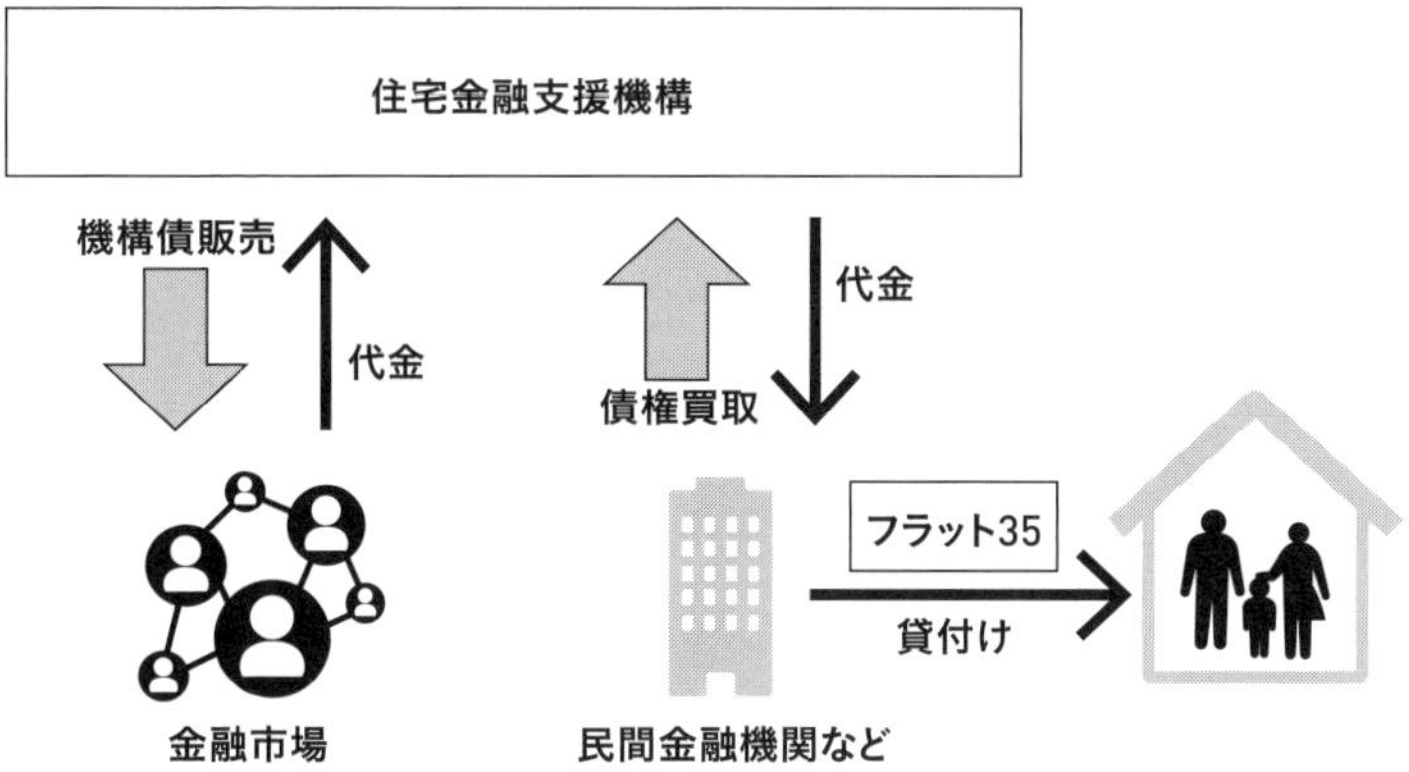

図3-11　保証型のスキーム

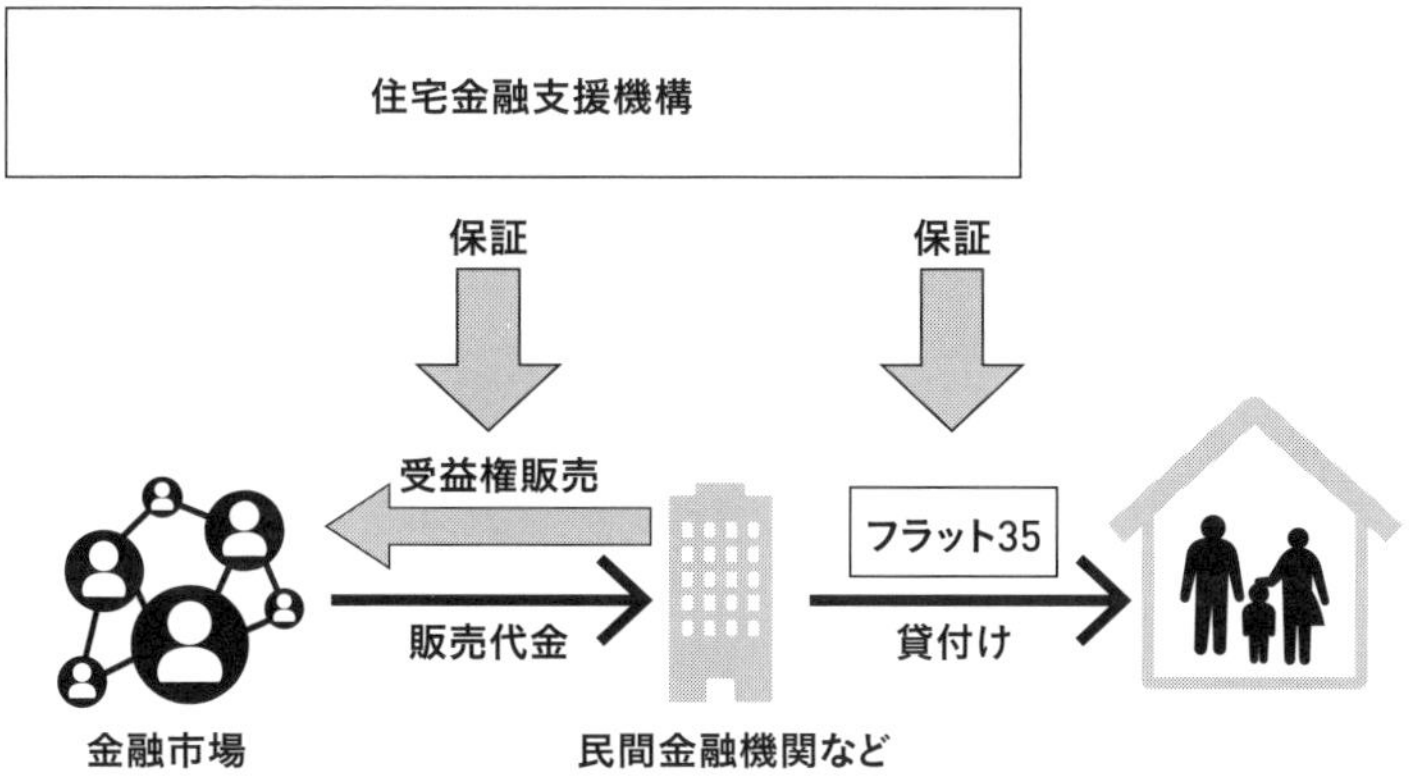

買い取ってもらうので、住宅ローンの金利で儲けるということはありません。民間金融機関は融資事務を代行する手数料で儲けています。

一見複雑に見えるかもしれませんが、住宅ローンの資金のもとをたどれば、金融市場であるという点は普通の民間融資の住宅ローンと同じです。

「保証型」は、民間の金融機関や住宅ローン専門会社が直接の債権者となり、それを住宅金融支援機構が保証するという仕組みです。

保証型の場合は、住宅金融支援機構が債権を買い取るということはしません。基本的に債権者は完済するまでその民間金融機関です。つまり、貸し出し金利はその民間金融機関で儲けが出るように、独自に決めています。

ただし、保証型も金融マーケットからその資金を調達しているため、長期金利と連動する点では買取型と同じです。

必ず長期金利と連動する住宅ローン

フラット35と民間融資の固定金利の一番の違いは、長期金利との連動の程度です。

図3-12　フラット35(買取型)の資金

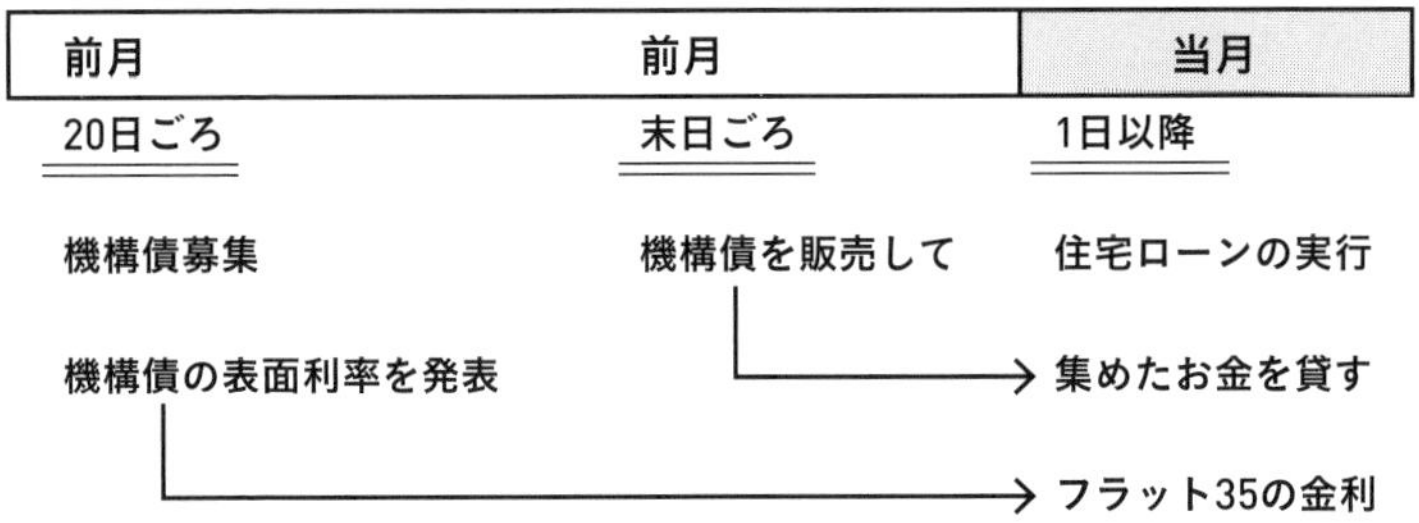

民間融資の住宅ローンの資金は、融資に合わせて1対1の対応関係で金融市場からお金を調達しているわけではありません。あくまで、そういう建前のもとで固定金利の価格決めしているだけです。そのため、長期金利の影響を受けるとは言いながら、完全に連動するとは限りません。

これに対して、フラット35の資金は、買取型にせよ保証型にせよ、どちらも住宅ローンの融資のために1対1の対応関係で、前月の20日ごろから機構債の発行計画を発表して募集し、前月末に販売して資金を集めます。そうして集めたお金でフラット35の住宅ローンを貸しているのです。

つまり図3-12のように、フラット35の金利は前月20日ごろに募集する機構債の表面利率が直接的な調達金利となり、それに住宅金融支援機構が人件費や必要経費を賄うためのコストを乗せて融資金利が決まるの

図3-13　フラット35（買取型）の金利

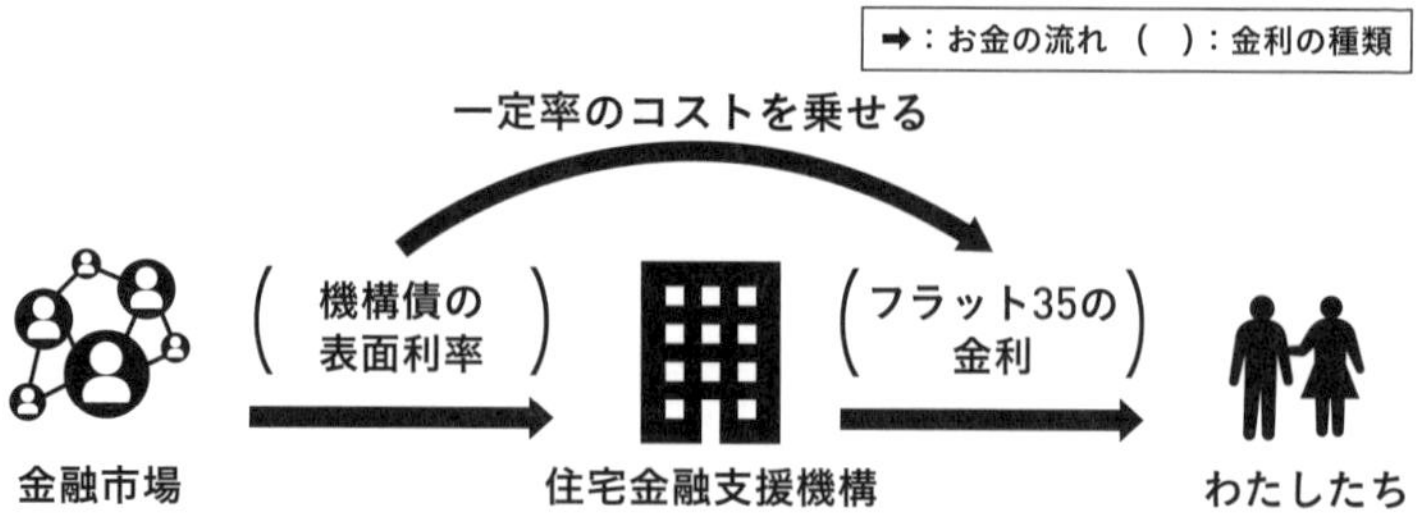

です。

住宅金融支援機構は国の機関なので、儲けという概念はありません。そのため、機構債の表面利率に一定率のコストを乗せてフラット35の金利が決まってくるのです（特に買取型の場合）。

金融市場の投資家は国債のような安全資産として機構債を購入しているので、機構債の表面利率は、それを発表する時点の長期金利とほぼ連動します。

こうしたことから、**機構債の表面利率が発表される20日前後の長期金利の動向を予想すれば、翌月のフラット35の金利動向を予想することができます。**さらに、機構債の表面利率は毎月20日前後に住宅金融支援機構のホームページで公開されます。それを見れば、0・01%の誤差の範囲で翌月のフラット35の金利が予測できます。わたしのブログやYouTubeでは、こうして毎月フラット35の金利予想を公開しています。

フラット35は例外なく金利が固定される住宅ローン

民間融資の固定金利は、あとから金利が変わることがあります。民間の住宅ローン契約書には、「金融情勢の変化その他相当の事由があると認められる場合には、銀行が金利を変更できる」という規定があるからです。

また、他行に借り換えることで得をする局面ならば、融資実行のあとからいつでも交渉して金利を下げてもらえる可能性もあります。

しかし、フラット35にはこうした例外は一切なく、いかなる場合でも金利が固定される唯一の住宅ローンなのです。**契約書の条項には金利が変更されるような規定はありません。また、他行に借り換えることが得になる局面でも金利は下げてもらえません。**交渉しても「どうぞ、借り換えるのはご自由に」と言われます。借り換えることで金利を下げることはできますが、フラット35の金利が下がったわけではないわけです。

また、**もともとフラット35で借りていた人が、その後、長期金利が下がったので、今のフラット35へ借り換えることはできます**。この場合は、新たに借りるフラット35の資金で、もともと借りていたフラット35の借入金を完済することになります。

そのため、フラット35で借りた場合には、あとから交渉して金利を下げてもらうというオプションはありません。借り換えによって得する局面では、交渉せず粛々と借り換えることになります。

8 「全期間固定金利（公的融資フラット35）は高い」という誤解

全期間固定金利は変動金利と比較して金利が高いが……

全期間固定金利は変動金利や当初固定金利と比較して金利が高いです。しかし、これを**「コストが高い」と考えるのは間違っている**のです。これは金利変動リスクに対する保険料であり、リスクの大きさを考えればむしろ「安い」とも言えるのです。その理由についてわかりやすく解説します。

図3-14　住宅ローンを借りるための純粋なコストは変動金利

変動金利：	お金を借りるコスト	
当初固定金利：	お金を借りるコスト	＋当初期間の保険料
全期間固定金利：	お金を借りるコスト	＋当初期間より長い全期間の保険料

金利変動リスクに対する保険料という考え方

住宅ローンの金利タイプには、「金利変動リスクをどちらが負っているか？」という違いがあります。

変動金利が最も低金利なのは、住宅ローンの全期間にわたって自分が金利変動リスクを負うからです。

当初固定金利は、当初期間の金利変動リスクは銀行に負ってもらうので、その分住宅ローンの金利は変動金利よりも高くなります。

全期間固定金利は、全期間にわたって金利変動リスクを銀行が負うので、さらに住宅ローンの金利は高くなります。

つまり、**住宅ローンを借りるための純粋なコストは変動金利であって、当初固定金利や全期間固定金利が変動金利よりも高くなる部分は、金利変動リスクに対**

図3-15 「金利」ではなく「毎月の返済額」「総支払額」で判断する

例：40歳、3,000万円、35年元利均等返済ボーナス払いなし

	A銀行変動金利 0.5%	A銀行固定金利 1.0%	差額
融資手数料	880,000円	880,000円	0円
毎月の返済額	77,875円	84,685円	△6,810円
定年時のローン残高	13,502,175円	14,149,840円	△647,665円
総支払額	33,072,175円	35,354,240円	△2,282,065円

する保険の対価なのです。

それならば、変動金利か固定金利かを選ぶ場合は、**「その期間の金利変動リスクに対する保険料として安いか高いか？」**という観点から考えるべきです。

フラット35の利用者が住宅ローンを選ぶ理由は、**「今後の金利上昇に備えてあらかじめ将来にわたる返済額を確定する保険がほしいと思った。そして、その保険の対価としてはフラット35の金利が安いと判断した」**ということなのです。

ここでは便宜上、金利を比較の尺度としているかのように書きましたが、

図3-16　3,000万円借り入れから金利上昇したら繰り上げ返済すべき金額

（単位：万円）

3,000万円の借り入れから金利上昇したら繰り上げ返済すべき金額				
残期間	**30年**	**25年**	**20年**	**15年**
残高	**2607**	**2199**	**1781**	**1352**
0.5%→1.0%	182	129	85	49
0.5%→1.5%	347	249	165	96
0.5%→2.0%	497	359	239	140
0.5%→2.5%	633	460	309	183
0.5%→3.0%	757	554	375	223
0.5%→3.5%	870	641	436	261
0.5%→4.0%	973	721	494	298

第2章で述べたように、実際の検討では**「金利」ではなく「毎月の返済額」、または「総支払額」によるべきです。**

前ページの図3－15のように3000万円を借りる場合、毎月の返済額68100円が累積していき、総支払額では2228万円となっています。この人は40歳から60歳までの20年間の金利を固定させる対価として約228万円を払っているのです。

一方で、3000万円を変動金利で借りる場合の金利変動リスクを金額で「見える化」した表は、図3－16のようになっています。

全期間固定金利を選ぶということは毎月68100円、全期間で2228万円の保険料を払うということです。変動金利を選ぶということは、図3-16の支払い増リスクをとるということです。

全期間固定金利と変動金利を比較するときは、「毎月の返済額」または「総支払額」で比較を行い、その差額が金利変動リスクに対する保険の対価と考えます。金利変動リスクに対して払う保険料が、自分にとって高いのか？　安いのか？　そのような観点で考えるようにしましょう。

第4章

年齢と年収によって
ここまで違う
住宅ローンのリスクと対処法

1 自分の限界を超えるには「現時点の自分の限界」を知る必要がある

返せる借入金額は「収入」と「年齢」によって限界がある

資金計画や住宅ローンのシミュレーションを行う際の3つの「インプット」のうち、住宅ローンの「金利」は金融機関が決定し、基本的に毎月変動するものでした。

これに対して**「借入金額」と「返済年数」は自分が決めることであり、一度決まると基本的には変わらない要素**になります。

この章では、内部要因であり固定要因となる「借入金額」と「返済年数」にスポットライトを当てて解説します。

特に「借入金額」は、**自分自身の要素で決まることなので、だからこそ難しい**という側面があります。自分自身を客観視することは容易なことではないからです。住宅

図4-1　年収、年齢ごとの「無理なく完済できる住宅ローン」

☑「無理なく完済できる住宅ローン」の４つのルール

- ・ルール① 毎月の返済は「手取り月収の４割以下でボーナス払いなし」
- ・ルール② 返済額が一定になる「元利均等返済方式」
- ・ルール③ シミュレーションの金利は「固定金利」
- ・ルール④ 定年時のローン残高は「1,000万円以下」

年収(円)	月収(円)	25歳	30歳	35歳	40歳	45歳	50歳
300万	15万	2,056	2,056	2,056	2,056	1,815	1,580
400万	20万	2,742	2,742	2,742	2,490	2,255	1,818
600万	25万	3,428	3,428	3,320	2,890	2,470	1,988
700万	30万	4,113	4,113	3,890	3,390	2,870	2,271
900万	35万	4,799	4,799	4,410	3,760	3,130	2,374
1,000万	40万	5,485	5,485	4,910	4,250	3,510	2,713
1,200万	50万	8,570	8,570	7,968	6,915	5,798	4,611

（注）年収に対する月収の金額は目安であり厳密なものではありません。
（注）固定金利1.2%としました。
（注）定年退職の年齢は保守的に60歳としました。定年が65歳の場合は５歳若い年齢で読み替えてください。
（注）年収1,200万円は毎月の返済は手取り月収の５割以下、定年時のローン残高は2,000万円以下としています。

ローンを突き詰めて考えていくと、一見とっつきにくい「金利」のほうがむしろ簡単なのです。

最初にはっきり言いますが、**自分の返せる借入金額は現時点の収入と年齢によって自ずと限界があります**。

その具体的な金額を求める方法が「無理なく完済できる住宅ローン」の4つのルールです。図4－1は年齢と年収ごとにその限界を表にしたものです。

しかしわたしは、「あなたはこれが限界だから、これ以上借りては駄目です」と言うつもりはありません。それなのに、あえて「限界がある」と明言するのは、**自分の限界を超えるためには「現時点の自分の限界」を知ることが不可欠**だと考えるからです。

この章で解説する年齢と年収に特有のリスクと対処法を通じて、自分自身を客観視するヒントにしてください。

また、現在のご自身の年齢に関する限界だけでなく、「年齢特有のリスク傾向と対策」については、「今後その年齢に達したときに、どんなことに気をつけるべきなのか？」という観点からも参考にしてください。

2 20代の「年齢面」のリスク傾向と対策

病気のリスクが低いため、団信の必要性は低い

20代で家を買おうと考える人は、少数派ながら一定数存在します。住宅金融支援機構の調査によると、「マイホームがほしい」と考えるきっかけとして多いのが「結婚」や「第1子の誕生」です。最近は晩婚化が進んでいますが、たまたま早くから家庭を持った人が、「まだ20代だけどマイホームを持ちたい」と考えるのはごく自然なことです。

まず、**20代から住宅ローンをスタートする人は、病気のリスクが最も低い**ことが挙げられます。これは団信生命保険（以下「団信」）の判断に影響します。団信は住宅ローンの返済中に名義人が死亡または高度障害になった場合、保険会社が代わって住宅ローンの残金を払ってくれる生命保険です。

公的融資のフラット35を除き、民間の住宅ローンでは団信への加入が必須となっています。民間の金融機関のパンフレットには、よく「団信はゼロ円」と書かれています。しかしその実態は、住宅ローンを貸す金融機関が団信保険料を払い、そのコストを住宅ローンの融資金利にオンしているのです。

金融機関が保険会社に払う団信の料率は0・3〜0・4％が相場だと言われていますが、それを払った上で利益の出るような住宅ローンの金利が設定されているのです。

つまり、**住宅ローンを借りる際には、支払利息を通して一律横並びで金融機関が保険金を受け取るための保険料相当の費用を負担している**ということです。「一律」と聞くと公平という印象がありますが、そんなことはありません。

生命保険は若いときに加入したら保険料は安く、年をとってから入ると高くなります。明らかに**平均よりも若い20代の人なら、本当は0・3％未満の保険料でいいはずなのに一律に0・3％負担させられている**ということです。

ローン残高が減ると保険料が減るが保険金も減る

家を購入した当初は住宅ローンの残高が何千万円もありますし、自分の年齢よりも長い期間の住宅ローンを借りるので、団信に加入したほうが安心というイメージがあります。しかし、住宅ローンは長年の返済によって減少していく一方、病気にかかるリスクが高くなるのは人生の後半です。特に若い20代から住宅ローンをスタートする場合、次のようなケースがあり得るのです。

子どもの大学入学で教育費がかさむときに一家の大黒柱が病に倒れた。そのときには住宅ローンの残高は50万円になっていたので、団信でわずかな住宅ローンの債務がなくなっただけだった……。

つまり、**長年高い保険料を負担しながら、自分が40代、50代で病気になったときの保障は雀の涙ほどの金額**ということなのです。

これはあくまで一般論ですが、団信に不加入でも住宅ローンを借りられるフラット35で借りて、別途自分で生命保険に加入するなどは、低い病気のリスクに適合した経済的に合理的な選択だと言えます。

3 20代の「年収面」のリスク傾向と対策

収入面のリスクが高い

20代は最も年収にバラツキの少ない年齢層です。また、定年時の残高がゼロ円になるので、「無理なく完済できる住宅ローン」の4つのルールのうち、「④定年時の残高を1000万円以下にする」はすべての人がクリアできているのが特徴です。

20代は**収入面のリスクが他の年代と比べて高い**と言えます。職場における新人・見習いの時期であって、まずは仕事を覚えること、そして学生から社会人として自分を適合させることのほうにエネルギーが注がれます。そして、医師、弁護士、会計士などを除き、まずは新卒の初任給からスタートするため、最初のうちは昇給もわずかです。

20代のリスクは「収入が少ないこと」「今後のキャリアが流動的であること」です。

これまで生きてきた年数よりも長い期間の住宅ローンを組むわけですが、その期間における収入による返済の確度が低いのが特徴です。**特に収入の少ないことと、自己資金が少ないことは、金利変動リスクに弱いということでもあります。**

第3章では変動金利のリスクへの対処法について解説しました。あくまで一般論ですが、金利が上がったときの125％の支払い増への対応力や繰り上げ返済資金が十分でない場合は、金利面でリスクをとらないほうがいいと言えます。

世帯年収で800万円以上あるような、かなりの高年収であっても同じです。片方が医師や弁護士など高収入の職業である世帯、また、子どもがおらず夫婦両方がフルタイムで働く高収入のＤＩＮＫＳなどがそうです。

傾向として、生活水準の高さに合わせて高額物件を検討に入れる家庭が多いです。ただし、医師や弁護士などの高度な国家資格の保持者は、最初から収入がある程度高い反面、その後のキャリアによって上限にかなり格差があります。

また、第1子が生まれていない共働きのＤＩＮＫＳの場合、今後妻が出産して休職すると、その後の年収が半減します。

高収入であっても、20代は収入面のリスクが高いということを想定して、この限界値をシビアに見ておく必要があります。

4 30代の「年齢面」のリスク傾向と対策

30代で家を買う「お仕着せの理由」とは？

30代は、初めて家を買う人のボリュームゾーンです。

住宅金融支援機構の民間住宅ローン実態調査によると、回答者の概ね半数が30代です。「マイホームがほしい」と考えるきっかけとして多いのが「結婚」や「第1子の誕生」で、30代はこの2つを両方経験することが多い年代です。

家を買った理由については、さまざまな民間のアンケート結果が公開されていますが、なかでも「子どもや家族のために家を持ちたいと思ったから」という理由が上位にきています。しかし、わたしはこの理由は「お仕着せの理由だ」と考えています。

いわば、これは購入者が自分が家をほしいと思った本当の理由ではなく、**家や住宅ロー**

ンを売る側が作った「耳ざわりのいい虚像」です。

そもそも、アンケートはあらかじめ選択肢が決まっていて、その中から選ぶようになっています。答える側もよほどその選択肢が「ありえない」と思わない限りは、（その他）を選択して自由に文章を記述するようなことはありません。そもそもアンケートなど、ただ面倒と感じる方が大半です。誠実に回答することが、回答者の直接の利益にならないからです。

結婚したからといって家を買う必要はないですし、親が持ち家か賃貸かで子どもの進路が左右されることもありません。冷静に考えてみてください。「持ち家」は家族の幸せの必要条件なのでしょうか？　賃貸だと、家族の幸せに必要な何かが不足するのでしょうか？　まったく関係ないことです。

「家がほしい」と思った理由は、「結婚」「子ども」が1つの大きなきっかけではあるかもしれません。しかし、家族や子どものために必要なものではないのです。ただ、「自分がほしいから買う」、それだけのものです。わたしはそれでいいと思っています。

賃貸から持ち家にシフトすることで変化するリスクの傾向と対策を知る

「そんな無責任、身勝手な理由でいいの？」と思われるかもしれませんが、無責任でも身勝手でもありません。賃貸なら賃貸の、持ち家ならば持ち家を前提としたリスクがあります。リスクの総量は同じですが、傾向と対策が異なります。**自分の判断で、賃貸から持ち家にシフトすることで変化するリスクに対応することに責任を負う**のです。そのリスクとは、次の２つになります。

◆①「賃貸」はリスクを老後に先送りする選択

定年退職後は、毎月の給料の代わりに年金と貯蓄が生命線となります。「賃貸」は、定年後の収入が大幅に減る状況下で、定額の家賃を払い続けるということです。老後の収入は減りますが、支出面はある程度固定されます。このリスクを和らげるのは、老後資金のための貯蓄です。つまり、賃貸に住み続けるということは、老後にリスクをとり、生涯賃金を定年後に多く配分していく戦略をとることになります。

ちなみに、「老後に２０００万円の貯金が必要？」ということが一時期話題となりましたが、この試算は持ち家であることを前提としています。賃貸では、さらに家賃分の貯金が必要ということになります。

◆②「持ち家」はリスクを現役時代に前倒しする選択

子どものいる家族構成でジャストサイズの家というのは、子どもが独立して出て行ったあとには持てあます広さの家ということです。将来不要となるスペースを購入するために、重い住宅ローンを負うのが持ち家を選択するリスクです。

その代わり、定年後は維持費（管理費、修繕積立金、固定資産税）だけで住居を維持し続けることができます。つまり、持ち家というのは、現役時代にリスクをとり、生涯賃金を現役時代により多く配分していく戦略です。

ただ、今後直面する少子高齢化社会においては、年金がどこまで減るか、まったく見えません。現役時代に多く配分し過ぎて、老後の最低限の貯蓄すらなくなってしまわないように資金計画を立てる必要があります。

30代は人生の資金計画を見直す適齢期

このように、「賃貸」から「持ち家」にするということは、人生において大きな舵取りとなります。しかし、社会人としてのキャリアが40年くらいとすると、30代はまだ前半にあたるため、方向性を修正する余裕があります。

加えて、住宅ローンの金額と年数を通じて将来のリスクが可視化され、今後の資金計画を見直すきっかけになります。頭金が足りないので「今までは浪費し過ぎていたな……」と反省する人も多くいます。そういう人が定年まで賃貸ならば、本来はもっと貯金が必要になるのですから……危ないところです。

・キャリアの前半のうちに方向転換できる
・長期の資金計画を見直して改善できる余地がある

この2点で、30代は家を買う適齢期です。

5 30代の「年収面」のリスク傾向と対策

最も多額の住宅ローンを組める世代

また30代は、**「ほしい家の価格と現時点の収入で自分が買える家の価格が一致する（第1章）」**人が増えてくる年代です。

20代が職場における新人、見習いとすれば、30代は主戦力です。社会人としての自信がついてくる頃ですし、基本的に20代から30代にかけては、程度の差はあれ給料が上がる人が多いです。

年功序列の前提は崩れてきていますが、経験とともに能力を上げていくという前提で考えると、30代は収入と定年までの年数の組み合わせで、最も多額の住宅ローンを組める計算になります。定年までの期間がそこそこ長く、収入も20代より上がるためです。

こうして、**30代は住宅ローンで借りられる金額が自分史上最高額**になるケースが多いので、自分がほしいと思える家が買えるだけの融資を受けられるわけです。

高齢化社会の大波をモロ被りする

たくさん借りることができるため、頭金ゼロのフルローンで年収、年齢ごとの「無理なく完済できる住宅ローン」の4つのルール（図4－1）の金額をはるかに超える住宅ローンを借りる人が多いです。絶対に無理とは言いませんが、どんなリスクがどのくらいあるかを把握した上で実行すべきです。

30代では、これまでに給料が下がるという経験をした人が少ないでしょう。また大企業に勤めていて、「ボーナスが出なかったことなど一度もない」などという人も多いです。しかし、まだ経験が足りない部分があるのは否めません。

また、あとの章で詳しく解説しますが、女性が働きやすくなっているので、夫と妻

図4-2　人生100年時代の社会保険料の負担

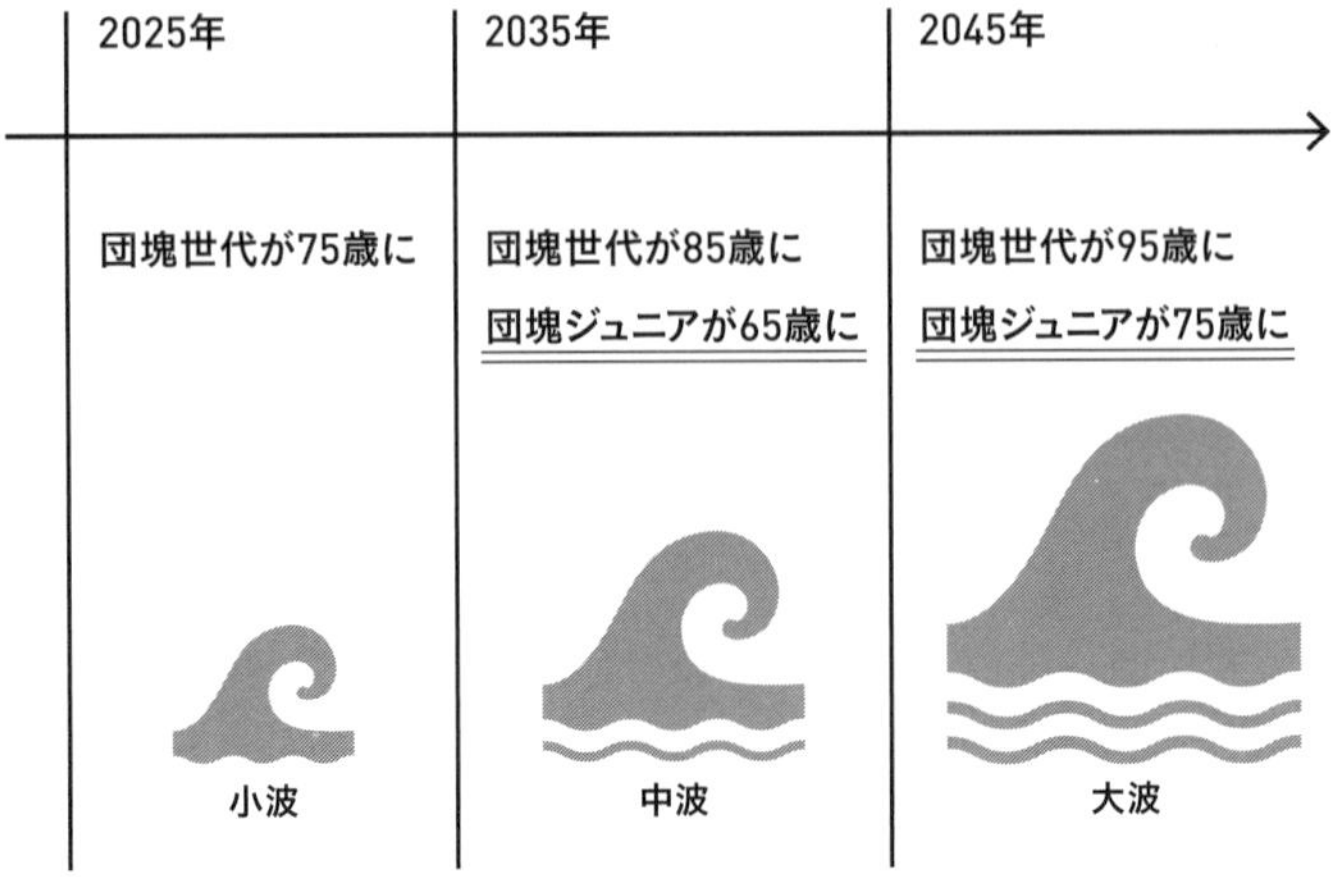

の年収差がほとんどなく、夫婦共働きで年収1000万円を超える世帯が増えています。夫婦2人で住宅ローンを組むことで、さらに高額物件を購入するケースが増えているのです。

その反面、今の30代は図4－2のように、今後の高齢化社会では社会保険料の負担が重くのしかかる世代でもあります。

2025年には、人口分布のボリュームゾーンとなっている団塊世代が75歳以上の後期高齢者となり、全人口の5人に1人を占めるようになります。75歳を過ぎると入院や長期療養が多くなり、要介護認定を受ける人の割合が増えていきます。

2035年には、その子である団塊ジュニアが65歳以上となって年金の受給を開始、2045年には団塊ジュニアが後期高齢者となります。

一番収入が高くなるときに、社会保険料のピークが来ることを頭に入れておいてください。

6
40代の「年齢面」のリスク傾向と対策

「不惑」の40代からスタートする住宅ローンのリスクとは？

40代は30代に次いで家を買う人が多い世代です。

サラリーマンでアラフォーにもなると、ほぼ会社内でのポジションが固まってくる時期です。そろそろ体力の衰えを自覚し始め、近くの小さな文字が見えにくくなってくる頃です。ただし、決して老人ではなく、まだ気力体力ともに充実していて、社会の中でも戦力の中心です。

その一方で、20代ではほぼ差がなかった同期の間でも、出世頭とそうでない人との間が歴然と開いています。今までと同じことをやっていても決して超えることのできない壁、深い谷間がある、そういう年齢層です。

「四十にして惑わず」と言いますが、40歳というのは、もはや惑う余地など残されていない年齢だとわたしは思います。自分の限界を数字として把握し、それを受け入れることがすべてのスタートになります。

40代というのは、ビジネスパーソンにとって1つのターニングポイントです。これまでとギアを入れ替えなければ生きづらくなるのです。人生に悩みを抱える時期でもあります。

40代から住宅ローンを考えている人は、こうした**人生の中でも最も心理的にストレスのかかりやすい時期に家を買おうとしている**ことを自覚する必要があります。特に、「無理なく完済できる住宅ローン」の4つのルール（図4-1）を当てはめた借入金額に対して、希望的観測を加えてはいけません。それを事実として受け入れられないのであれば、家を買うことそのものが高リスクのギャンブルになってしまうということを意識してください。

7 40代の「年収面」のリスク傾向と対策

定年時のローン残高が危ない！

40代から先の収入は、それまでのキャリアによって、今後上がるにしても下がるにしても、想定内となることが多い世代です。20代、30代と違い、40代は年収面で発生するリスクは低いと言えるでしょう。ただし、リストラなどの個別の事情はあり得ます。

そして、**定年時のローン残高のリスクが最も高くなるのが、40代からスタートする住宅ローンです。**定年までの年数は30代よりも短くなりますが、30代も40代も年収に対する住宅ローンの金額があまり変わらない傾向があります。

そうなると、どういうことが起こるのか？　定年時の残高がきつくなってしまうの

図4-3　40代は定年時の残高のリスクが高くなる

例：4,000万円、1.2% 固定金利、35年元利均等返済

	① 33歳スタート	② 43歳スタート	② − ①
毎月返済額	116,680円	116,680円	0円
65歳残高	4,123,968円	16,845,827円	12,721,859円

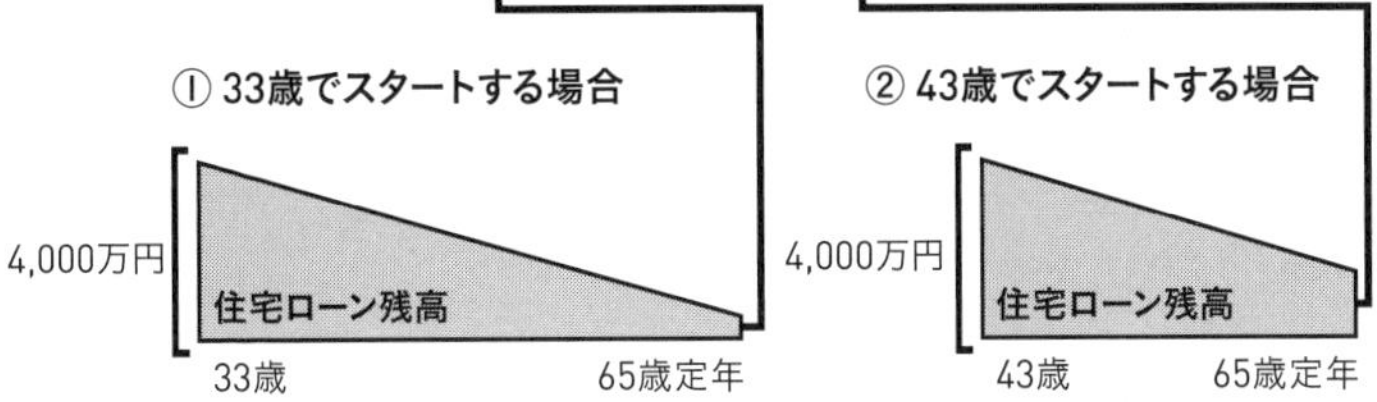

です。

図4－3のように、同じ4000万円を固定金利1・2%、35年元利均等返済で借りた場合には毎月の返済額は同じですが、65歳の残高は1000万円を超える差になってきます。

「同じ年収だから」といって30代と同じ感覚で借り入れると、定年後の老後が危なくなるのです。

この差を埋めるのは「貯蓄」です。図4－3のケースであれば、43歳からスタートする人が、65歳残高の差額である1200万〜1300万円の貯金を購入時点で保有していれば、資金繰りの面で条件が並ぶことができます。

つまり、30代で家の購入を保留する

図4-4　住宅ローンの残高が大きいうちに大きな支出がある

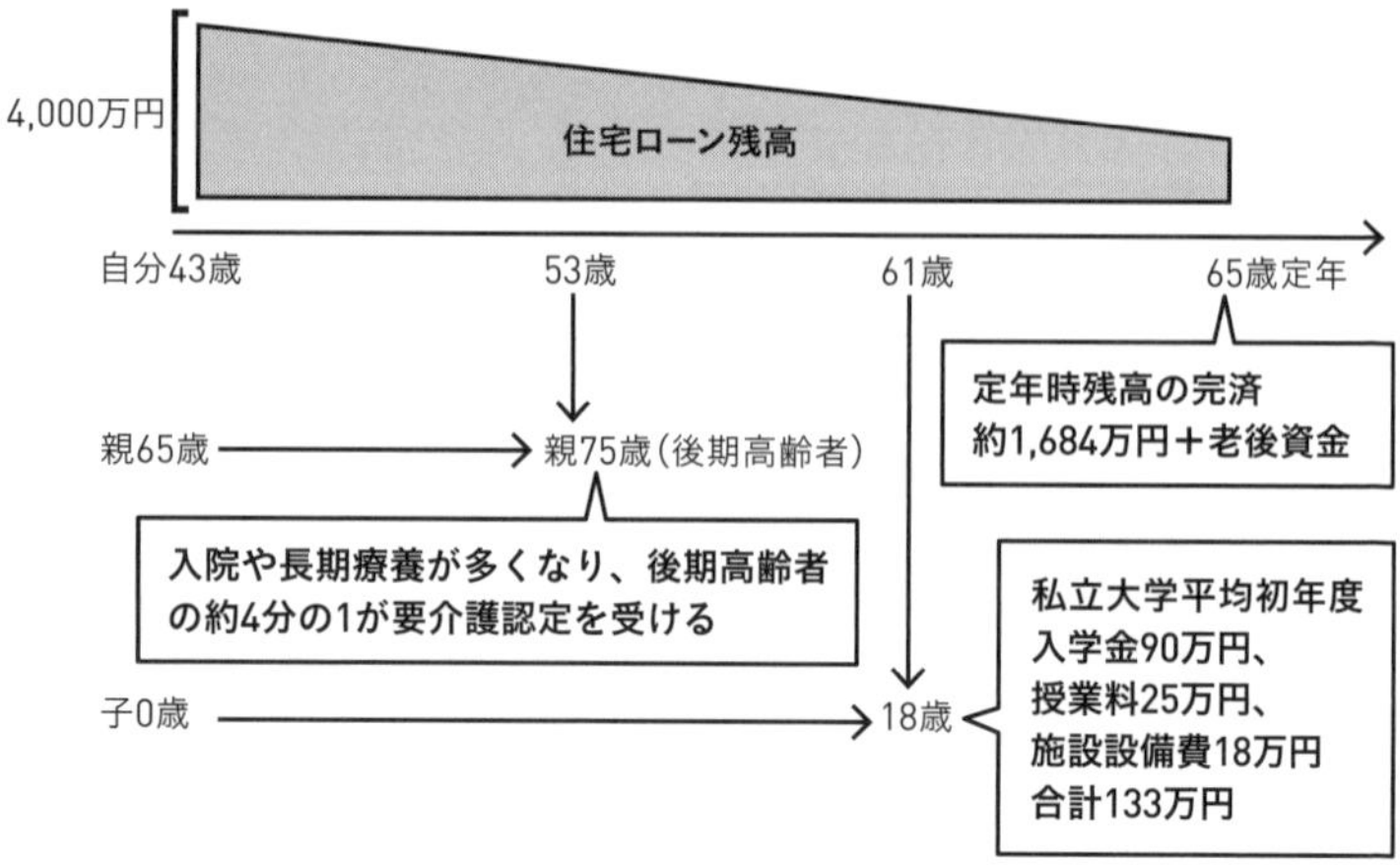

場合は、将来のマイホーム購入のために賃貸の家賃を払いながら年平均100万円を貯めていけばいいということです。ただし、それをできなかった場合、定年後にそのしわ寄せが来ます。

同時に40代は、図4－4のように**住宅ローンの残高が大きいうちに、子どもの大学入学や親の介護費用など、大きな支出を想定しなければならない年齢層**でもあります。住宅ローンの完済と老後資金の前に、親の介護費用や子どもの大学入学がやってくるのです。

この図を見てわかるように、短い間にかなり盛りだくさんなイベントがあります。40代からは、自己資金に不安がある状態で、身の丈を超えた住宅ローンを組むことの危険性を、しっかり認識しておいたほうがいいでしょう。

資金繰りの面でリスクが高い代わりに、低金利の恩恵がある

定年までの期間が30代よりも短いのは、40代から住宅ローンをスタートするときのネックですが、その反面、利点もあります。それは、当初固定金利を選ぶ場合に、より短い当初固定期間を選べるということです。

30代から住宅ローンをスタートする人が65歳または60歳定年までの金利を固定したい場合は、30~35年固定金利にする必要があります。これに対して**40代から住宅ローンをスタートする人が65歳または60歳定年までの金利を固定するなら、20年固定金利で大部分の期間の金利を固定できる**のです。

当初固定金利の20年固定は、メガバンクやネット銀行を中心として取り扱いが多く、30年固定金利、35年固定金利（フラット35）などよりも金利を固定する期間が短いことから、低金利の商品となっていることが多いです。このように、資金繰りの面でリスクが高い代わりに、金利の面では低金利で固定できるという利点があるのです。

図4-5　35年の借り入れ期間で、当初20年固定金利で借りる

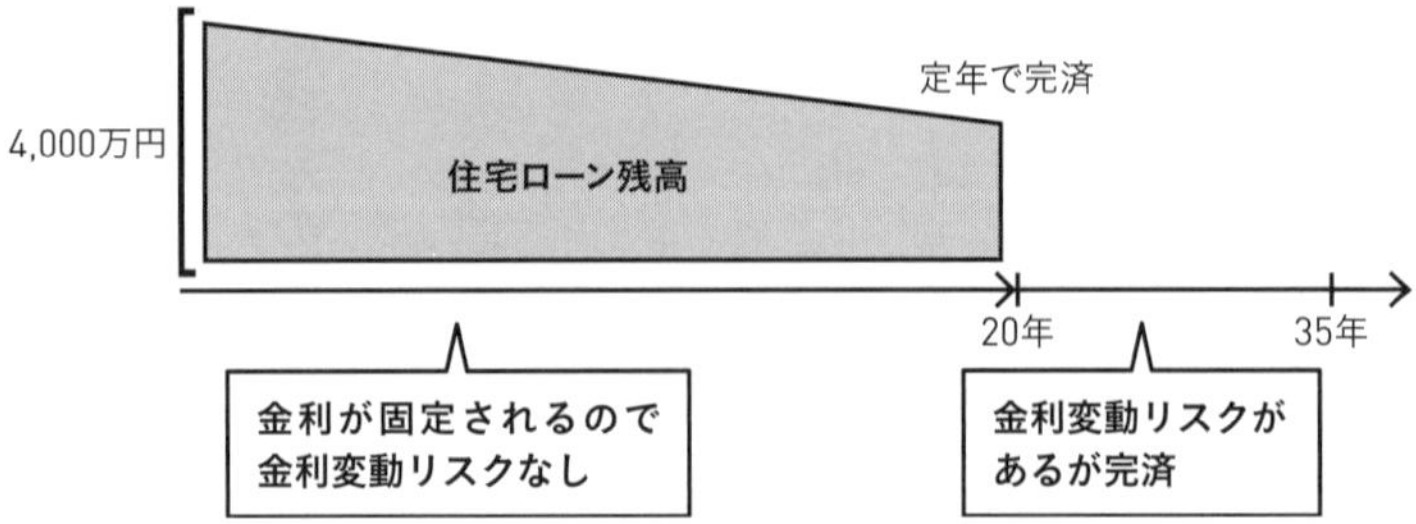

また、**30代から住宅ローンをスタートした人が、40代になって定年までの期間が20年ほどになったら、借り換えを考えるべきタイミング**であるとも言えます。

最初に35年の固定金利で借りた人の場合は、同時期であれば20年の当初固定金利が相対的に安くなります。また、「フラット35S」などの、当初10年間または5年間の金利が下がるフラット35の補助金制度を利用している人は、金利の引き下げ期間が終わる時期です。そのため、借り換えによって総支払額を減らすことができる可能性があります。

最初に10年固定金利で借りた人の場合は、当初の固定期間が終わって「引き下げ幅」が減り、加えて金利変動リスクを負うタイミングです。この時期に定年までの金利を固定する20年固定に借り換えることで、金利変動リスクがなくなります。完済までの見通しがクリアになるでしょう。

8 50代の「年齢面」のリスク傾向と対策

団信を「割安の生命保険、医療保険」として利用する

50代で家を買う人は、家を買うのが2回目以上の人が多いのが特徴です。国土交通省の住宅市場動向調査によると、住宅の2次取得者（2回目以上の取得となる世帯）の世帯主の平均年齢は、40代後半～50代後半となっています。

多くの人が家を買うのは一生に一度だと思うのですが、住宅ローンを組んでいる人の概ね10人に1人が50代であることを鑑みると、一生のうちに2回あってもおかしくはないイベントということもわかってきます。

50代からは健康リスクが高くなってくるので、20代では優先順位の低かった団信（団体信用生命保険）の重要性が上がってきます。

生命保険は若いときに加入したら保険料は安く、年をとってから入ると高くなります。しかし団信は、利息を通じてすべての利用者が一律に負担するので、**50代は相対的に安いコストで生命保険に加入できる**ことになります。

リスクの高い高齢者の期間に高い保険金を受けられる

団信に加入できる年齢は80歳未満までなので、65歳を過ぎて高齢者となってもまだ15年は保険に入れるということです。「金利≒保険料」と考えても割安なので、**あえて繰り上げ返済をせずに、高い住宅ローン残高をキープしておく**のも1つの手です。特に最初の10～13年は住宅ローン控除（年末のローン残高に一定の控除率を乗じた額が所得税等から還付される）の恩恵も受けることができます。

図4－6では「①定年時に多額の繰り上げ返済をしたあとに死亡や高度障害によって団信の保険金が支払われたケース」、その下の図4－7では「②あえて貯蓄を温存して繰り上げ返済をしなかったあとに死亡や高度障害によって団信の保険金が支払われたケース」ですが、この2つを比較してみます。

図4-6　①繰り上げ返済をすると手許資金が減り、もしものときの保険金も減ってしまう

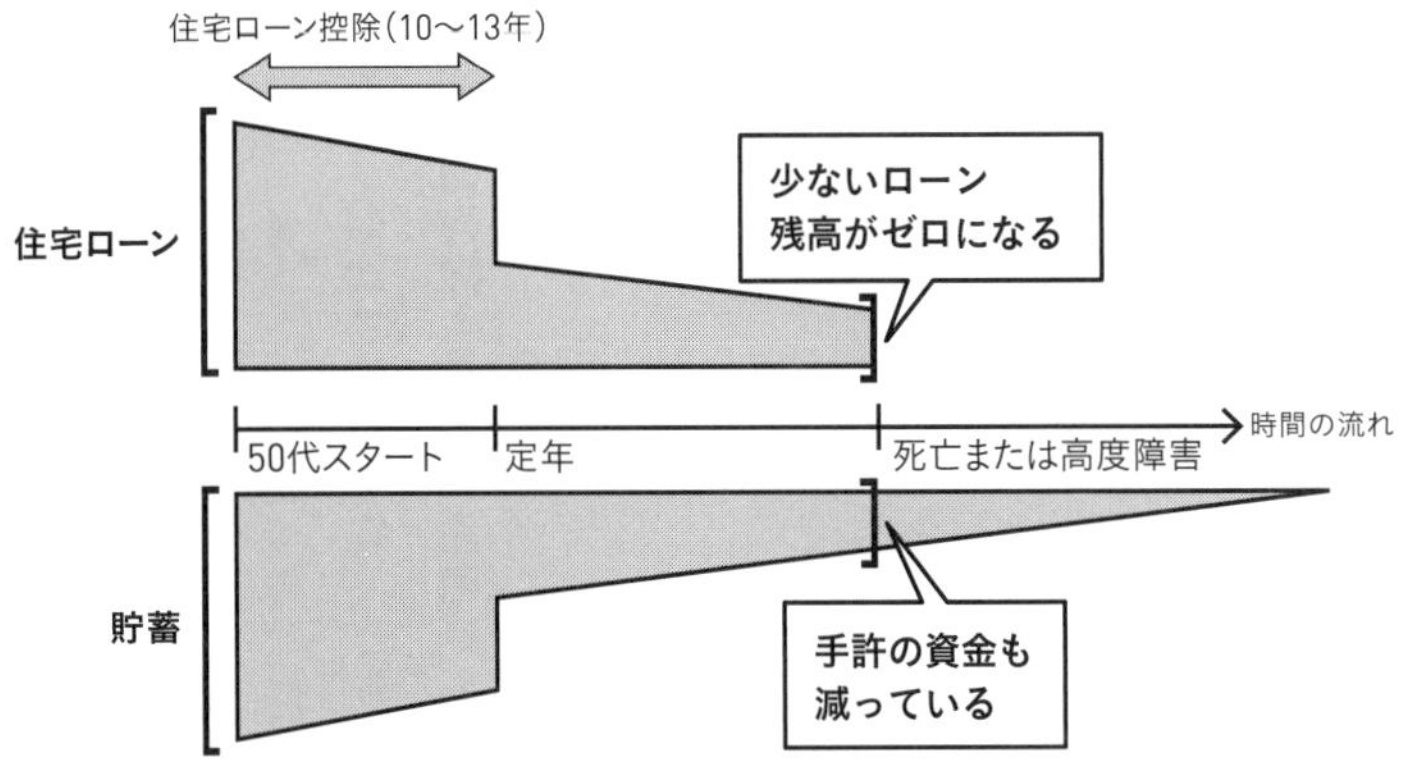

図4-7　②あえて繰り上げ返済をせず手許資金を温存し、保険金も高くもらえるようにする

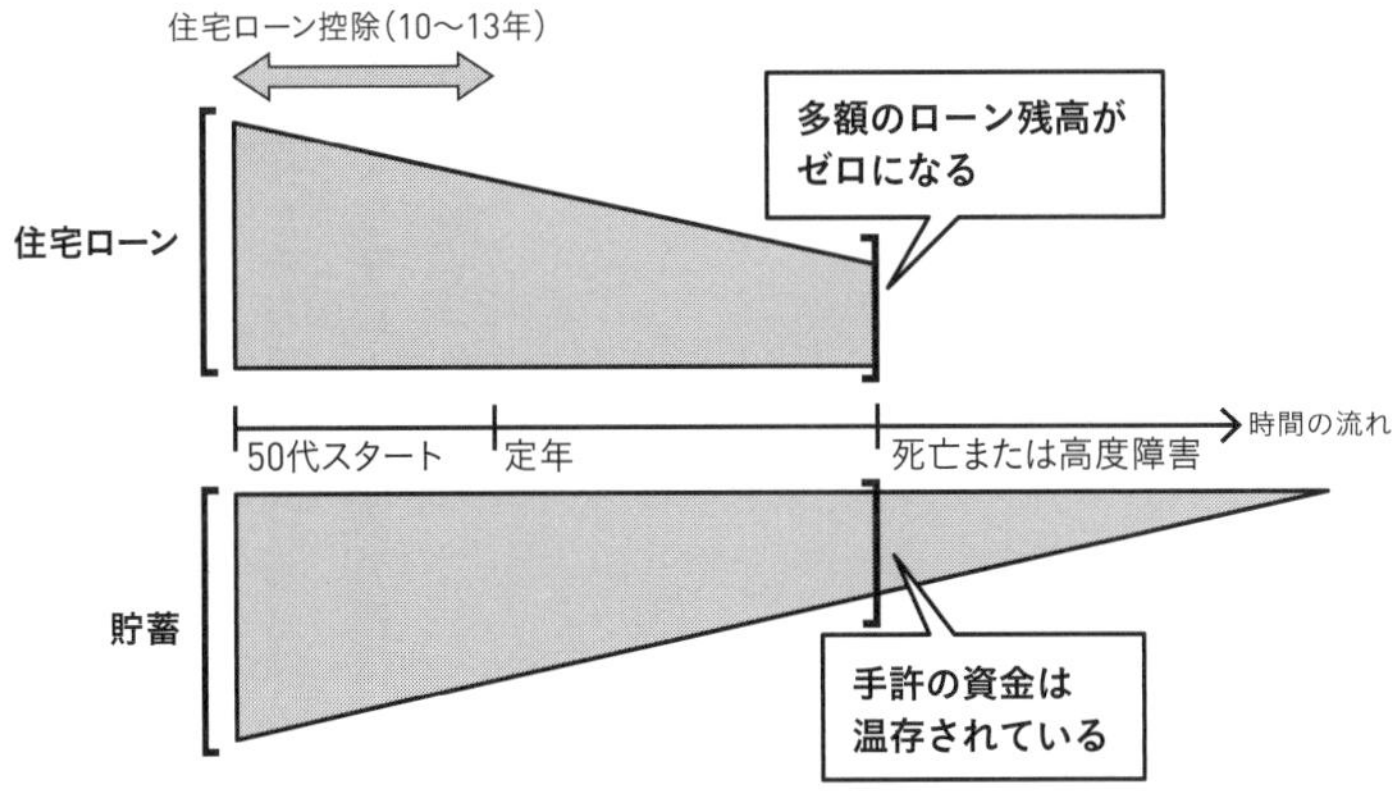

どちらのケースでも住宅ローンはゼロ円になりますが、遺族に残る貯蓄額は繰り上げ返済をしないほうが断然たくさん残ります。一般の団信のみならず、疾病保障特約を付ければさらに保障は厚くなるでしょう。

ただし、この考え方が採用できるのは、住宅ローンと同額かそれ以上に貯蓄がある人です。**キャッシュで購入することもできるけれど、あえて住宅ローン控除の還付の恩恵と、団信の保険を目的に住宅ローンを組む**場合を前提にしています。

9 50代の「年収面」のリスク傾向と対策

目先の損得勘定よりも持続可能性

50代は定年退職までの期間が10年くらいしかないため、**「今の年収」よりも「今の自己資金」がどれだけあるか**が住宅ローンのリスクを左右する要素となります。

50代から住宅ローンをスタートする場合、普通に完済できるという人は少数派です。そして、年金収入で住宅ローンの利息を払い続けるのは損だということで、**何が何でも定年で完済しようとするのは危険**です。

30代、40代で住宅ローンをスタートする人が、定年までに完済することを目標にするのはいいでしょう。しかし、**予定通りに繰り上げ返済ができず50代を迎えてしまった場合、無理に帳尻を合わせようとして繰り上げ返済を急ぐのは、自らの首を絞める**

ことになります。

年金が減ることがわかっている状況では、支払う利息の節約よりも、まとまった貯蓄を残しておくことのほうがより重要なのです。**年金は少なくなるとはいえ、ゼロになるわけではありません**。たしかに利息は費用ですが、家計の見直しによって捻出できるような支払いに抑えれば、生活に響くことはありません。

収入が少なくなるなかで、自己資金をすべて完済に充ててしまうと、長く続く人生のアクシデントに対応できなくなってしまいます。そこで、わたしは**自己資金を温存しつつ、定年退職後の支払いを少なく抑えて、細く長く継続する**という戦略をおすすめしています。

「細く長く」ということは、利息を長く払うということにもなります。損得勘定の物差しで考えたら損な方法に見えますが、家の購入については損得よりも持続可能性が優先されると考えています。

10年固定（または変動金利）と当初20年固定（または30年固定）のミックスローン

次ページの図4－8のように、10年固定（または変動金利）と当初20年固定（または30年固定）を半分ずつミックスするローンを組みます。今の自己資金にはできるだけ手を付けないために、あえてフルローンとし、借入期間は最長の期間にします。

・10年固定（または変動金利）は10年（または定年前）で全額繰り上げ返済する。
・10年固定を完済すると当初20年固定（または30年固定）だけになり、年金収入で返済を継続できる。

現役の収入があり、かつ住宅ローン控除を受けられる期間は繰り上げ返済をしないので、減税制度による還付の恩恵はできるだけ受けるようにする構えです。

半分借りる10年固定（または変動金利）のほうは定年までに完済するので、今の時点で住宅ローンの借入額の半分くらいの自己資金があり、あえてそれを温存できる人が前提です。

図4-8　10年固定（または変動金利）と当初20年固定（または30年固定）のミックスローン

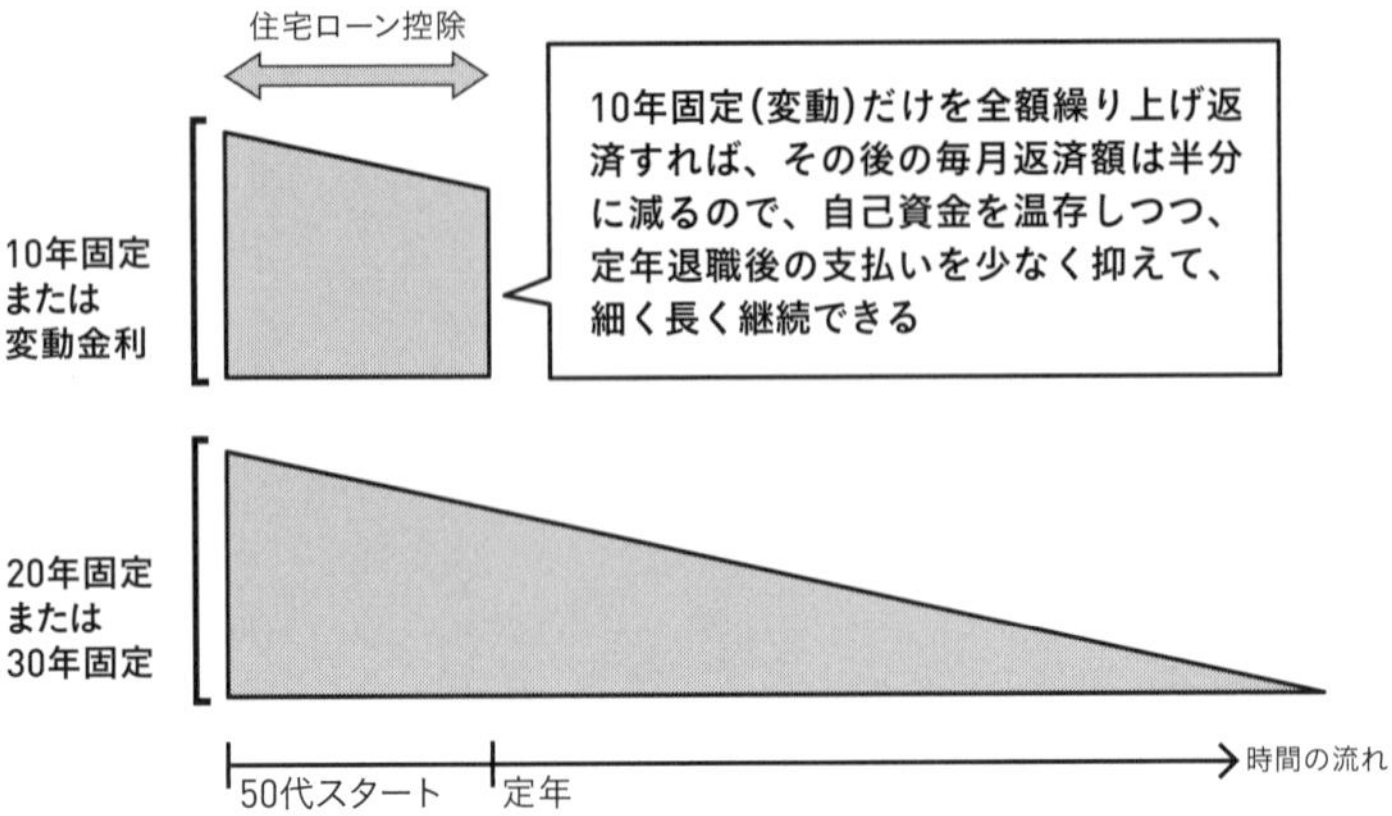
住宅ローン控除
10年固定（変動）だけを全額繰り上げ返済すれば、その後の毎月返済額は半分に減るので、自己資金を温存しつつ、定年退職後の支払いを少なく抑えて、細く長く継続できる
10年固定または変動金利
20年固定または30年固定
50代スタート
定年
時間の流れ

短期のほうを変動金利にする場合は、第3章で解説した「5年ルール」と「125%ルール」の適用がある金融機関にしてください。そうすれば、当初5年は支払額が固定され、どんなに金利が上がっても6年目〜10年目までは当初の1・25倍までが上限となります。

わたしの運営する「千日の住宅ローン無料相談ドットコム」には、このミックスローンの計画を立てるシミュレーターがありますのでご活用ください。

60歳からは「リバースモーゲージ」という選択肢もある

リバースモーゲージとは、住宅を担保に金融機関等から資金を借りる住宅ローンの一種です。住宅ローンと違う点は、住宅ローンを借りている間、元金の返済は不要で利息の支払いだけを行い、債務者の死亡後に住宅を売却し元本を一括返済する点です。**毎月の支払いは利息のみとなるので、住宅ローンよりも自由に使える自己資金を温存できます**。老後資金に枯渇した場合に、自宅に住みながらお金を工面できる方法として注目されています。

リバースモーゲージは、主に老後資金を融資する商品であるため、ある程度の年齢になった人がその対象になっています。一般的な定年退職の60歳から申し込み可能という金融機関が最も多いのですが、なかには50歳から申し込み可能という金融機関もあります。

利用上の注意点としては「不動産価値の下落」「変動金利の上昇」「長寿化」の3つです。

図4-9　住宅ローンとリバースモーゲージの異同点

	住宅ローン	リバースモーゲージ
担保	自己居住の建物に第１順位の抵当権を設定する。支払いを継続できなくなると、家を売却して元本を完済する。	
毎月の返済	毎月、元本の返済と利息を支払う。	毎月の支払いは利息のみなので、**自己資金を温存しつつ、定年退職後の支払いを少なく抑えて、細く長く継続できる。** 債務者死亡後に元本を一括返済する。
金利タイプ	変動金利、固定金利などを選べる。	変動金利のみ。
相続	家を配偶者や子に相続させることができる。	名義人（夫）が亡くなったあとは配偶者（妻）にそのまま引き継げる金融機関が多い。しかし子への相続はできない。

◆「不動産価値の下落」のリスク

リバースモーゲージでは、1年に1回程度の頻度で不動産価値や金利の見直しが実施されます。つまり、地価が下がり、その家を売って借りたお金を完済できなくなったら、元本の一部を繰り上げ返済しなければなりません。

◆「変動金利」のリスク

変動金利が上がると、即座に毎月の利息支払額に反映されます。

◆「長寿化」のリスク

自分の想定よりも長生きすると、リバースモーゲージで借り入れした資金を使い切ってしまうリスクがあります。

定年後も住宅ローンの返済を続けつつ、老後破産しないためのチェックリスト

50代から住宅ローンをスタートして70代での完済を目指す人が、定年までの10年間で今からやっておくべきことをTO DOリストにしました（次ページ図4-10）。

①②③は自分の老後の前提条件を知るための行動です。そして、具体的に行動に移すのが④⑤⑥です。

このTO DOリストに着手するのが早ければ早いほど、老後の安全度が高まります。そして、着手のタイミングは、思い立った「今」が一番早いのです。

図4-10　老後破産しないための TO DO リスト

	やること	期限	解説
①	定年時のローン残高を確認する	今すぐ	まだ定年時のローン残高を確認していない人は、すぐにシミュレーションで確認してください。
②	退職金の支給額を確認する	今すぐ	噂で何となく……ではなく、ちゃんと把握してください。会社の総務人事へ退職金制度、計算方法を確認して試算します。
③	年金受取額を確認する	今～定年まで	50歳以降に届く「ねんきん定期便」では、60歳まで同じ条件で働き続けた場合の年金支給額がわかります。
④	借り換えメリットがあるか確認する	定年まで	諸費用を含めて借り換えメリットがあるなら、健康で安定収入のあるうちに借り換えます。それだけ老後資金が増えます。
⑤	固定費を見直して老後資金の不足に備える	定年まで	特に固定費を見直しは一度の節約効果が長期に持続します。
⑥	定年後も働く準備をする	定年まで	勤め先の定年が60歳でも、本人の希望があれば最長65歳まで雇用（再雇用）することが義務付けられています。

第5章

これからは「共働き夫婦」の住宅ローンが危ない

1 共働き夫婦の住宅ローン、2人の収入割合による違い

50：50は新しいタイプで前例が少ない

わたしが相談を受ける相談者の多くが共働きなのですが、夫婦の収入の割合で、だいたい2つのタイプに分けられます。

①夫：妻＝80：20の昔からあるタイプ、夫は正社員で妻はパート
②夫：妻＝50：50の新しいタイプ、夫も妻もフルタイムの正社員

また最近は、「今は夫婦ともに常勤で、子どもができたら妻は休職する予定」という人や、「子どもが小さいので今は時短勤務だが、将来的にはフルタイムに復帰する

予定」という人など、この2つのタイプを行ったり来たりするケースが増えています。その共働きの相談者から、よく次のような相談を受けます。

「妻はいずれ職場に復帰する予定なので、夫婦の共有名義で借りれば大丈夫ですよね？」

たしかに感覚としてはそうかもしれませんが、**夫婦どちらか片方だけの名義で借りる場合と、共働き夫婦の共有名義で借りる場合とでは、リスクの質量は同じですが傾向と対策が異なる**のです。

これは、住宅ローンを検討している人なら何となく直観的に感じることだとは思うのですが、では具体的にどう違うのか？　どう対策すればいいのか？　この問いにしっかりと答えられる人がいません。まだそのセオリーが確立されていないからです。

この章では、共働き夫婦の収入を合算して住宅ローンを借りる、連帯保証・連帯債務・ペアローンのリスクと、共働き夫婦のタイプ別の対策方法について詳しく解説します。

2 共働き夫婦が共有名義で住宅ローンを借りるメリットとデメリット

「持分割合」はお金を出す割合と同じにする

マイホームの購入は人生における最大のプロジェクトなので、夫婦が一枚岩で協力するのは当然です。夫婦それぞれに安定収入があるならば、家を共有名義にして、住宅ローンも夫だけでなく、妻の収入も加味して借りようという選択肢が出てくるのは、ある意味自然なことでしょう。

その際、所有権を登記するときの持分割合は、お金を出す割合と同じにすることが重要です。例えば図5－1のように、夫と妻の年収の比率6：4でお金を出し、住宅ローンを負担しようと決めたのであれば、家の所有権も同じ6：4にします。経済的実態と登記は一致させてください。

図5-1　持分割合はお金を出す割合と同じにする

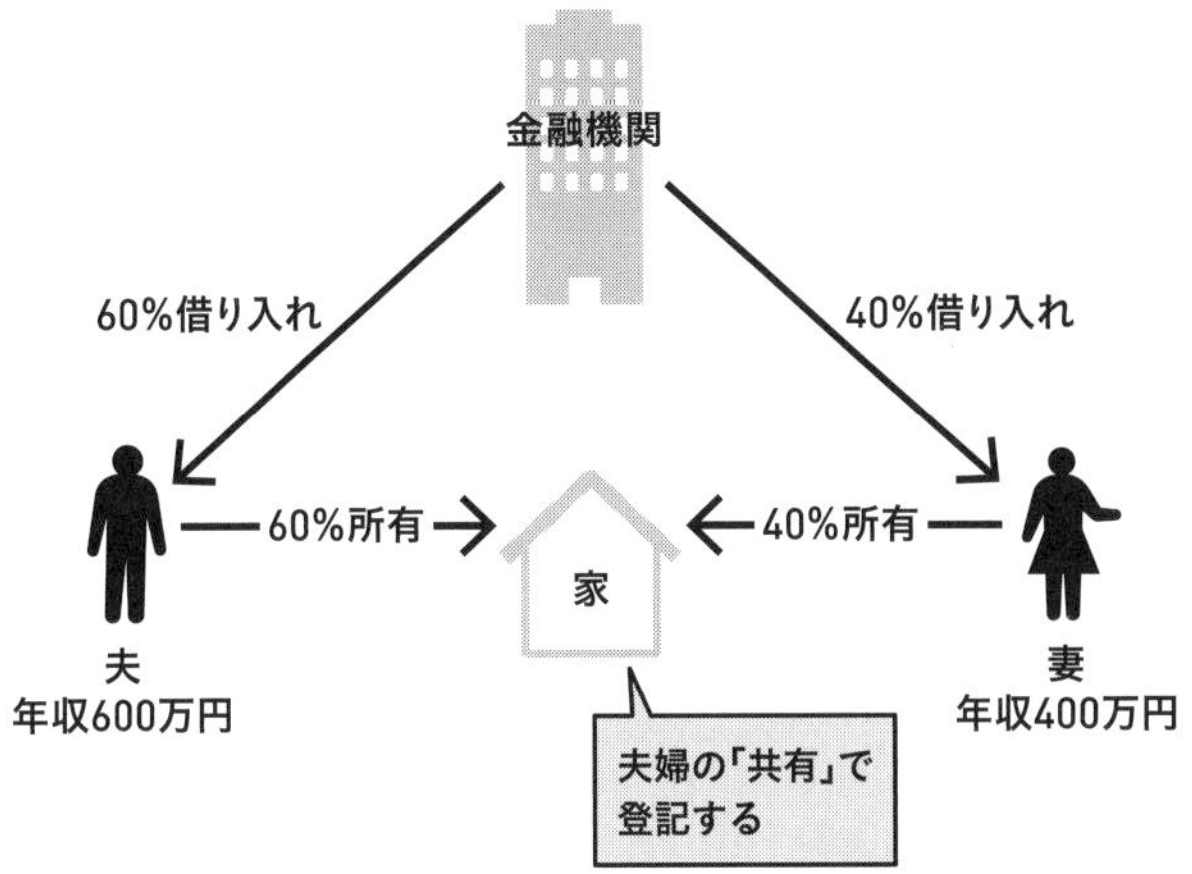

お金を出す割合と所有権の持分割合が食い違うと、その差分について贈与税が課税されることがあります。例えば図5－1のケースで夫婦50%ずつの共有とすると、夫から妻に10%相当の贈与がなされたことで、妻に贈与税がかかってしまうのです。

まずは、このように夫婦で共有名義にして住宅ローンを借りることによる、メリットとデメリットについて解説します。

◆メリット①　単独名義よりも多く借りられる場合がある

夫の融資可能枠と妻の融資可能枠を合算して住宅ローンを組むことができ

るので、単独名義よりも多く借りられ、それにより妥協が少ないワンランク上のマイホームを手に入れることが可能になります。

◆メリット② 住宅ローン控除の上限が上がる場合がある

夫婦の両方が住宅ローンの債務者となることで、**夫と妻がそれぞれの所得税等から住宅ローン控除を受ける**ことができるようになります。

第2章で、住宅ローン控除には所得による上限があることを説明しました。年収600万円の夫による単独名義であった場合、年の住宅ローン控除は夫の所得による上限30・11万円（第2章の図2－13より）で頭打ちです。しかし、年収400万円の妻と共有にすることで、妻も住宅ローンの債務者となるため、妻も上限18・39万円（第2章の図2－13より）の住宅ローン控除を受けられます。

◆デメリット① 連帯保証または連帯債務の重い責任を負う

夫婦の共有名義で住宅ローンを借りると、図5－2のように金融機関から夫婦の連帯債務または相互に連帯保証するという重い責任を負うことを求められます。**つまり、夫は妻の、妻は夫の人質になることを求められるということです。**

図5-2　相互に連帯保証すると２人とも100%の責任を負う

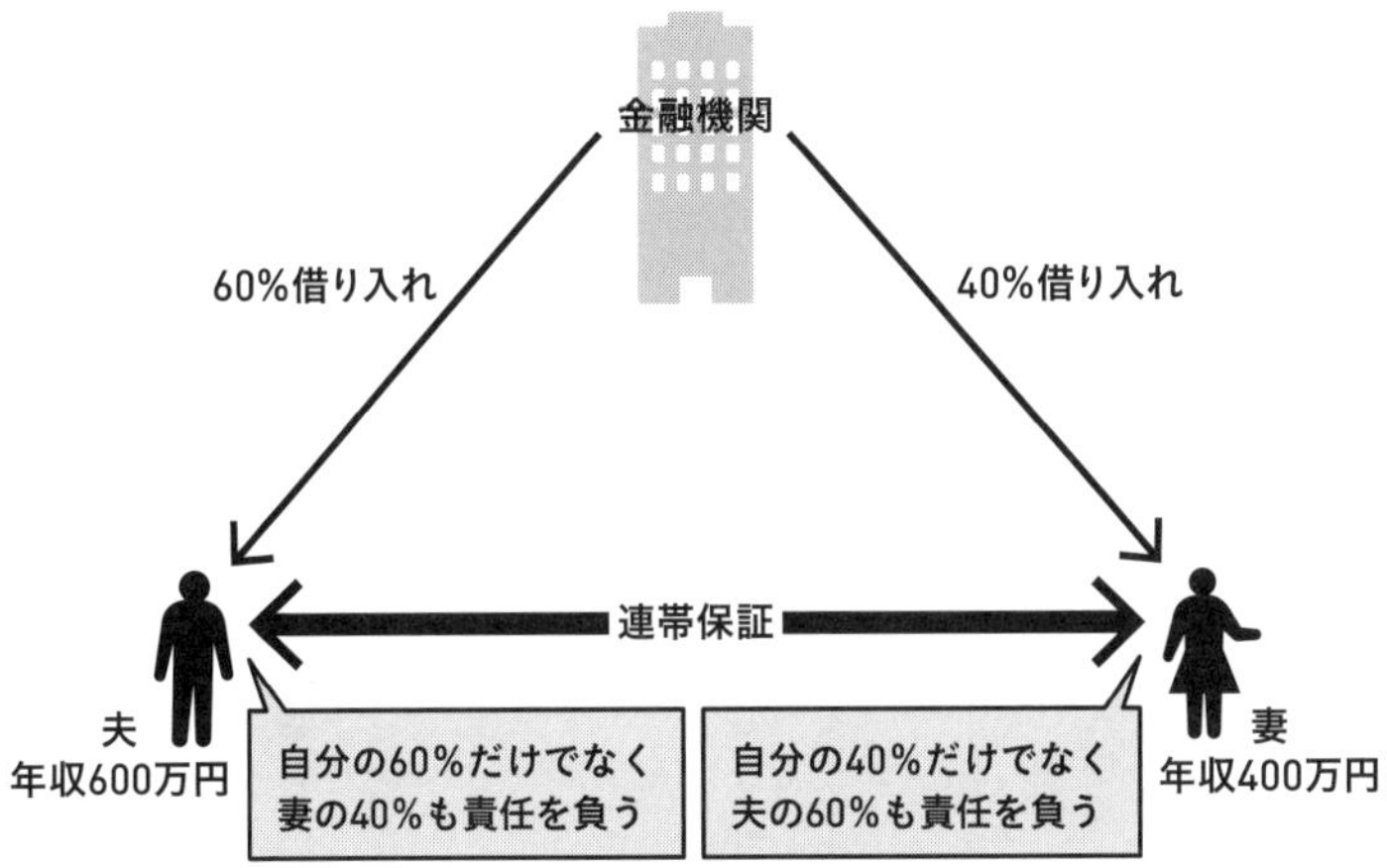

　これは家を共有名義にするための条件ではなく、**金融機関が貸金の回収をより確実にするために要求する条件です。金融機関が要求する、連帯債務ないし連帯保証を拒んだ場合は、共有名義での融資も拒まれます（どちらかの単独名義にしてくださいということ）**。これが、共有名義で住宅ローンを組むときの一番のネックとなるデメリットです。

　とにかく金融機関は、融資に関して緊密な関係を見つけると、すぐに連帯保証人に仕立て上げようとしてくるので注意が必要です。例えば、父親所有の土地の上に家を建てる場合には、「では、お父様も連帯保証人ということで……」という方向に持っていこうとします。

土地には抵当権を付けられるので（これを「物上保証」といいます）、住宅ローンを払えなくなると取り上げられますが、それ以上の責任はありません。**連帯保証人になると、土地を取り上げられた上でまだローンが残ってしまった場合は、完全にゼロになるまで請求されます。債権者の立場からすると、「よりカネを持っている父親から、より確実に回収できる」ということです。**つまり、「連帯保証人＝人質」ということなのです。

もちろん、父親が土地を提供するからといって、父親が連帯保証人になる必要はありません。これは**あくまで任意なのですが、それがさも当たり前であるかのようにサラッとハンコを押させようとしてくる**ケースを、わたしは何度も見たことがあります。十分に注意してください。

◆デメリット②　妻の出産などで収入が減ったら、妻の住宅ローン控除は減る

住宅ローン控除には上限がありますが、**確実に住宅ローン控除が多く受けられるとは限りません。**

先ほどの例で、妻が産休などで無収入となった期間は所得が減り、予定していた住

宅ローン控除を受けられなくなります。妻が受けられない部分を夫が代わって受けることはできませんし、受けられなかった部分を翌年に繰り越すこともできません。
また、妻が出産後、仕事に復帰せず専業主婦となり、実質的に夫の収入だけで住宅ローンを返済し続けたとしても、そのあとずっと妻の分の住宅ローン控除は受けられなくなります。

収入合算（連帯保証または連帯債務）とペアローンの異同点

共働き夫婦が住宅ローンを利用する際の契約方式「収入合算（連帯保証・連帯債務）」「ペアローン」の違いについて、次ページの図5－3に整理しました。それぞれよく似ているので、違いを理解せずに利用している人が多いため、注意してください。

例えば「収入合算（連帯保証）」では住宅ローンの債務者となるのは夫婦の片方だけなので、その1人しか住宅ローン控除を受けることができません。**この違いをしっかりと理解せずに住宅ローンを選び、住宅ローンが実行されてから確定申告で住宅**

図5-3　収入合算（連帯保証・連帯債務）、ペアローンの異同点

<table>
<tr><th></th><th>収入合算(連帯保証)</th><th>収入合算(連帯債務)</th><th>ペアローン</th></tr>
<tr><td>契約の形</td><td>夫が住宅ローンを借り、妻が連帯保証する。</td><td>夫が主債務者、妻が連帯債務者となり住宅ローンを借りる。</td><td>夫婦それぞれで住宅ローンを借りる。夫が妻の債務を連帯保証し、妻が夫の債務を連帯保証する。</td></tr>
<tr><td>住宅ローン控除</td><td>住宅ローンの債務者は夫だけなので、夫だけが住宅ローン控除を受ける。</td><td colspan="2">夫と妻の両方が債務者なので、夫婦で住宅ローン控除を受ける。</td></tr>
<tr><td rowspan="2">義務</td><td colspan="3">（共通リスク）夫婦それぞれが銀行に対して住宅ローン全額の責任を負っている。</td></tr>
<tr><td>妻は連帯保証人として、夫と連帯して住宅ローンの全額を返済する責任がある。</td><td>妻は連帯債務者として、夫と連帯して住宅ローンの全額を返済する責任がある。</td><td>夫婦は自分の住宅ローンを返済する責任に加えて、相手の住宅ローンの返済責任も負っている。</td></tr>
<tr><td rowspan="2">権利</td><td colspan="3">（共通リスク）持分割合で登記しても家を２つに分割できるわけではない。</td></tr>
<tr><td>夫が債務者なので夫の所有権で登記する。</td><td>それぞれが返済する割合に応じた持分割合で所有権を登記する。</td><td>それぞれのローンの割合に応じた持分割合で所有権を登記する。</td></tr>
</table>

（注）便宜上、夫のほうが主債務者になることを軸として整理しました。妻が主債務者になる場合は、妻を夫、夫を妻と読み替えてください。

ローン控除を受けられないことを知って愕然とすることがあります。

住宅ローンが実行されたら、完済するまで終わりません。納税については自分自身に責任があるので、「なんであのときに教えてくれなかったの？」と営業マンや銀行員を相手に怒っても後の祭りです。

パートナーにもしものことがあった場合、住宅ローンはどうなるのか？

次ページの図5－4では、夫婦のどちらかにもしものことがあった場合、住宅ローンはどうなるのかをまとめました。夫婦はお互いに協力するものだからこそ、一緒に家を買うために協力して住宅ローンを借りようと考えます。しかし、住宅ローンの法律的な実態はあくまで夫婦それぞれ個人の借金です。

「収入合算」は連帯保証か連帯債務かという違いがありますが、相手にもしものことがあったときの対応はほとんど同じです。ならば、住宅ローン控除を夫婦2人で受けられる連帯債務のほうが有利ですね。

図5-4　パートナーにもしものことがあった場合にどうなるのか？

	収入合算（連帯保証）	収入合算（連帯債務）	ペアローン
契約の形	夫が住宅ローンを借り、妻が連帯保証する。	夫が主債務者、妻が連帯債務者となり住宅ローンを借りる。	夫婦それぞれで住宅ローンを借り、互いに連帯保証する。
	夫：主債務者 妻：連帯保証人	夫：主債務者 妻：連帯債務者	夫婦ともに主債務者、夫婦ともに連帯保証人。
夫が死亡または高度障害	住宅ローンは全額ゼロ。		夫のローンだけゼロ。
夫が破産	妻が全額払う。		連帯保証人の妻が全額払う。
妻が死亡または高度障害	夫は変わらず払う。		妻のローンだけゼロ。
妻が破産	夫が払う、別の連帯保証人（または連帯債務者）を見つけなければならない。		連帯保証人の夫が全額払う。
離婚	契約関係は何も変わらない。		

（注）便宜上、夫の方が主債務者になることを軸として整理しました。妻が主債務者になる場合は、妻を夫、夫を妻と読み替えてください。

「ペアローン」は、夫婦がそれぞれ主債務者ということです。つまり、別々に住宅ローンを借りているという関係にあります。ただ、お互いの債務に対して連帯保証をしています。

3つに共通するのは、離婚した場合です。夫婦関係がなくなっても、住宅ローンの連帯債務、連帯保証の関係は何も変わりません。

この、**「離婚しても契約関係が何も変わらない」というのがキツい**のです。離婚は、夫婦が協力するという前提が根底からなくなってしまうことを意味するからです。当然のことながら、家に一緒に住むという状況にはなりません。

日本の婚姻件数は年間約61万件に対して離婚件数は約21万件、つまり3組のカップルが生まれている裏で、1組が別れているのです。平均すると3分の1の確率です。**離婚することを前提に家を買う人はいませんが、その確率は破産したり病気やケガで働けなくなったりする確率よりもはるかに高いのです。**

3 離婚したらどうなる？ 財産分与は？

離婚時の「財産分与」は所有権の持分によらず2分の1が原則

誰もが「自分たちは離婚しない」と思って結婚し、家を買います。しかし、統計的に3組に1組が離婚している事実があります。この本を手に取った人の中で結婚している人も、3人に1人が離婚を経験することになるわけです。

できれば経験してほしくないですが、**もし離婚したら家と住宅ローンがどうなるのかを知識として知った上で、住宅ローンを組んでほしいと思います。**

離婚することになった夫婦は、婚姻生活上で築いた財産を分け、清算しなければなりません。これが法律上の「財産分与」です。そして**財産分与は原則として2分の1で分け、双方の収入の大小によらない**こととされています。

家などの不動産はもちろん、預貯金、車、積立保険、株式、投信、現金など、経済的価値のあるすべての「婚姻生活上で築いた財産」が対象となります。

これに対して、婚姻前から貯めていた貯金や、婚姻後でも親からの相続等で取得した預貯金、不動産などは「特有財産」として財産分与の対象から外れます。

そのため、**婚姻後に買った家については、所有権の割合を夫60％、妻40％で登記していた場合でも、この2分の1の原則から外れません。**「もし離婚したときに財産分与で損したくない」という考えで、多くの持分を取ろうとする必要はありません。

そして、家は物理的に2つに分けられないので、財産分与の具体的な方法は次の2択です。

①第三者に家を売却して、売却益を半分ずつに分ける
②どちらか一方が家を取得し、不動産価値の半額相当分の代償金を払う

①の場合は、不動産会社を通して持ち家を売却し、その売却代金から不動産会社への手数料や税金を支払い、残ったお金を夫婦で半分ずつ分与することになります。

②の場合は、不動産会社などで算出された家の売却査定額をもとに不動産の価値を

合意し、この2分の1にあたる代償金を、家を取得する側がもう一方へ支払うことになります。家を取得する側にとっては支払う代償金を安くしたいので安い査定額を望みますが、代償金をもらう側は、高額な査定を望みます。双方の利害が対立するので、もめるポイントです。

ただ、これは住宅ローンが残っていない場合の財産分与の方法です。住宅ローンが残っていると、さらに債権者（金融機関）の利害が加わり、もう一段階ややこしくなります。

住宅ローンが残っている持ち家の財産分与

住宅ローンが残っている不動産の財産分与も、基本的には住宅ローンが残っていない場合と同じ2択になります。

大きく異なるのは、不動産に金融機関の抵当権が付いているので、金融機関の利害が絡む点です。金融機関の利害をクリアするための条件と対策をまとめると、図5-5のようになります。

図5-5　住宅ローンが残っている場合に金融機関の利害をクリアするための条件

	①第三者に家を売却して、売却益を半分ずつに分ける	②どちらか一方が家を取得し、不動産価値の半額相当分の代償金を払う
金融機関の条件	対象不動産を住宅ローンの残高よりも高い価格で売ること。	不動産の取得者と住宅ローンの債務者が同一であること。 or 不動産の取得者が単独で借り換えること。
対策	・頭金を多く入れる。 ・市場価値の下がらない物件を購入する。	・共働きであっても夫婦どちらか片方の収入で完済できる範囲のローン残高に抑える。

◆①第三者に家を売却して、売却益を半分ずつに分ける

金融機関は、対象の不動産を処分した代金で住宅ローンを回収できるようにする権利として抵当権を設定しているので、**もしも住宅ローンの残高よりも安い値段で売るのであれば、了承してくれません**。

強引に売ってしまおうとしても、金融機関は、設定した抵当権を外してくれないので、買主は「そんな物件は買わない」ということになります。

家の売却代金が住宅ローンの残高を上回り、かつ優先的に返済する確約がとれれば、普通は家の売却を了承して

くれます。そのため、もし住宅ローンの残高よりも高く売れるのであれば、売却して残ったお金を半分ずつ分けると、利害の対立が少ないでしょう。

また、**夫婦の連帯保証や連帯債務で住宅ローンを借りていた場合であっても、売却することによって住宅ローンそのものをゼロにすることができれば、連帯保証であろうと連帯債務であろうと解消できます。**

最初に頭金を多く入れて、家の価格に対する住宅ローンの金額を低めに抑えるようにすれば、離婚時のローン残高よりも高く売れる可能性が上がります。

また、物件選びにおいては、売却市場での価値が下がりにくい物件を選ぶといいでしょう。**自分のこだわりよりも多くの人が好みそうかを優先して物件選びをする**ことが対策となります。

◆②どちらか一方が家を取得し、不動産価値の半額相当分の代償金を払う

不動産の取得者と住宅ローンの債務者が同一であれば、代償金がいくらであっても、金融機関が口出ししてくることはありません。しかし、**住宅ローンの債務者でないほうが不動産を取得する場合や、夫婦の共有から単独所有に変わる場合には、住宅ローン債務者の変更手続きが必要になるため、金融機関との折衝が必要**となります。

そして、ほとんどの金融機関は債務者の変更に応じてくれません。

例えば、夫が単独で住宅ローンを組んでいた場合、妻の収入のほうが少ないことが多いでしょう。「わたしたち離婚しますので、今後は収入が少ない妻のほうが住宅ローンを返済します、債務者の変更を認めてください」と言って、銀行が「はいそうですか」と応じるわけがありません。

夫婦の共有で住宅ローンを組んでいた場合は、夫の融資可能枠と妻の融資可能枠を合算することで、片方だけならば貸せない多額のローンを貸していることが多いわけです。銀行としては「単独ならここまで貸さなかった」と思っているはずです。

そのため、どうしてもどちらか一方が取得したい場合には、**家を取得するほうの単独名義で住宅ローンを借り換えるのが現実的な方法**となります。借り換えとは、新たに借りる住宅ローンの資金で前に借りた住宅ローンを全額返済することです。債権者に貸金を全額回収させてしまえば、黙らせることができます。

夫婦の共有名義で住宅ローンを組んだ場合で②の方法をとるときは、少なくとも夫婦のどちらか一方が単独で完済できる金額である必要があるのです。

住宅ローン控除の恩恵より「オーバーローン防止」を優先すべし

不動産の売却額だけでは住宅ローンを完済できない「オーバーローン」となった場合は、どちらかが住み続けるしかありません。つまり先述した②の方法で、住み続けるほうは不動産査定額の2分の1の代償金を払わなければなりません。「そんなお金どこにもないよ……」となると、財産分与の話し合いは出口のない泥沼にはまってしてしまいます。

どうしても売却したい場合は、別のローンでお金を借りて、住宅ローン完済の不足分と仲介業者に払う売買手数料等を払うことになります。別のローンとは「キャッシング」や「フリーローン」などの高金利の借金です。

例えば、夫の単独名義で住宅ローンを借りている場合は、夫がキャッシングをすることになります。そんな借金をするのは望まなくても、住宅ローンの返済義務を負っている以上は、この泥沼を清算するために借りざるを得ないからです。

夫婦の共有名義になっている場合は、連帯債務や連帯保証によって夫婦がお互いに住宅ローンの100%を返済する義務を負っています。そのため、夫婦両方に借金するインセンティブがあるのですが、これももめる要素でしょう。

とにかく、**オーバーローンになると、もめる要素しかありません**。単独名義であっても大変なのに、共有名義だとさらに泥沼化します。借入額を増やすことで住宅ローン控除の恩恵は多く受けられますが、そちらを優先し過ぎるとオーバーローンのリスクが上がります。

共有名義で住宅ローンを組むことのメリットは、「多く借りられること」「住宅ローン控除の上限が上がること」の2つですが、**離婚したときに財産分与で泥沼化するリスクを鑑みれば、住宅ローンの借入額が市場価値を上回らない程度に抑えておくべきです**。

フルローンで融資が受けられる場合であっても、あえて1割以上の頭金を入れておくことをおすすめします。もちろん、頭金が多ければ多いほどオーバーローンの可能性を下げることができます。

4 80：20の共働き夫婦に特有のリスクと対処法

収入の少ないほうが明らかにキャパを超えたリスクを負う

夫が正社員、妻がパートなどが典型的なケースです。

まずは80：20の共働き夫婦が共有名義で住宅ローンを組む場合を想定して、単独名義で住宅ローンを組む場合と比較してリスクがどう違うのかと、そのリスクに対する対処法を解説します。

収入が多いほう（80のほう）にとっては、自分の単独名義で借りる場合と比較してほとんど何も変わりません。 20％をパートナーが借りるとしても、連帯債務もしくは連帯保証によって住宅ローンの100％の返済義務を負っているからです。

離婚した場合の財産分与で、オーバーローンにならなければ売却益を2分の1ずつ分与されるのは、共有名義でも単独名義でも同じです。もしオーバーローンになって手持ちの現金で足りない場合には、高金利の借り入れをしなければなりませんが、それは単独名義でも同じことです。

これに対して、収入が少ないほう（20のほう）にとっては、パートナーの単独名義で借りる場合と比較にならないほどの大きな責任を負うことになります。80％をパートナーが借りるとしても、連帯債務もしくは連帯保証によって、住宅ローンの100％の返済義務を負っているからです。この責任はパートナーの単独名義で借りる場合にはまったくなかったものです。

離婚した場合の財産分与では、オーバーローンにならなければ売却益を2分の1ずつ分与されるのは共有名義でも単独名義でも同じです。もし、オーバーローンになって手持ちの現金で足りない場合には高金利の借り入れをしなければなりませんが、半分ずつの負担で借りたとしても利息の負担が大きいのはこちらのほうです。これが、（元）パートナーの単独名義であれば、こちらは借金をする必要はありません。自分は債務者でもなければ保証人でもないからです。

収入に格差のある場合は、そもそも共有名義で住宅ローンを組むべきではない

つまり、**80：20の共働き夫婦が共有名義で住宅ローンを借りる場合、得をするのは収入の多いほうであり、損をするのは収入の少ないほう**だということです。図5－6のように、夫婦それぞれが住宅ローンによって負うリスクの総量はどちらも同じです。同じということは、公平ではなく、収入が少ないほうにとって明らかにキャパを超えたリスクになっているということです。

収入が80のほうにとっては、最初のうちは限界を超えた住宅ローンかもしれませんが、その後、収入が上がって100になることもあります。しかし、現時点で20の収入がそのうち100になるとは考えにくいでしょう。

収入が20のほうは、自分のリスクにどう対処すればいいのでしょうか？　わたしはその答えを持っていません。**収入に格差のある共働き夫婦の場合は、そもそも共有名義で住宅ローンを組むべきではない**のです。

図5-6　80:20の共働き夫婦が共有名義で住宅ローンを借りる

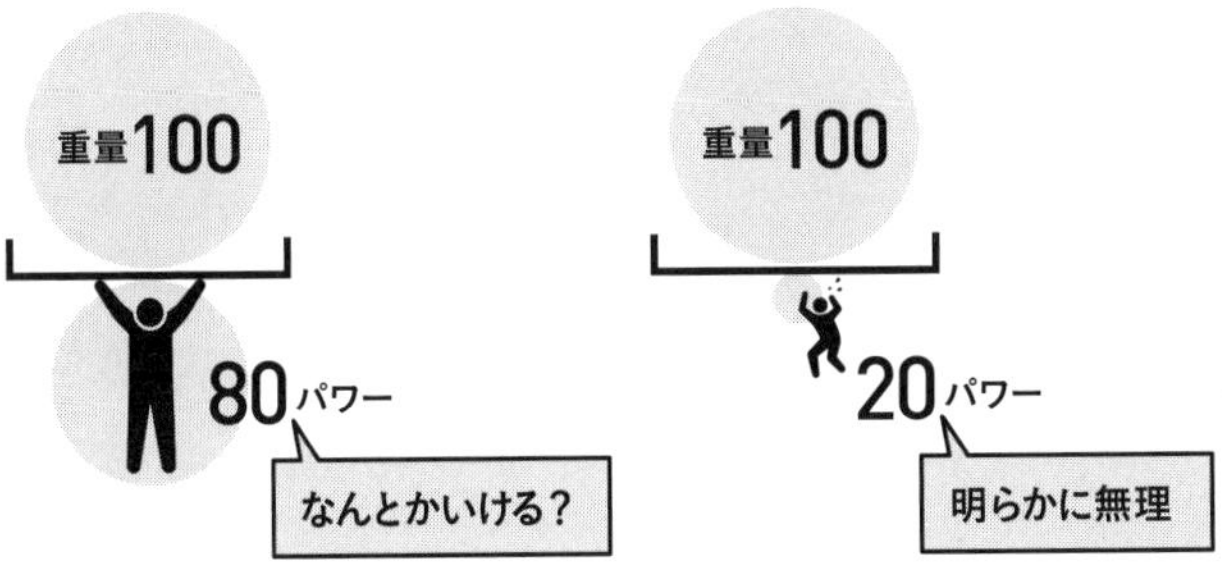

5 50：50の共働き夫婦に特有のリスクと対処法

最近増えてきた50：50の共働き夫婦

最近多いのが、夫も妻も同じようにフルタイムの正社員で勤務して、住宅ローンを50：50で借りるケースです。

夫婦の収入格差が少ない共働き夫婦は、今までもいなかったわけではありませんが、絶対数が少なかったのです。そのため、安全で確実に返済できる住宅ローンのセオリーがまだ確立されていません。

まず、80：20の共働き夫婦と違い、50：50の共働き夫婦は**経済的な面で夫婦間の不公平はありません**。

離婚した場合の財産分与では、オーバーローンにならなければ売却益を2分の1ず

図5-7　50:50の共働き夫婦が共有名義で住宅ローンを借りる

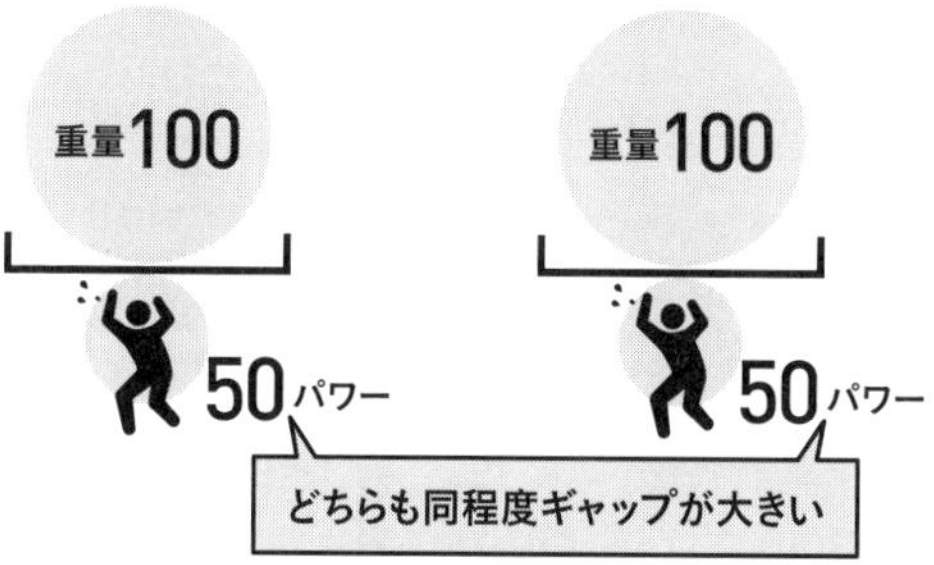

つ分与されるのは、共有名義でも単独名義でも同じです。もし、オーバーローンになって手持ちの現金で足りない場合には高金利の借り入れをしなければなりませんが、収入も半々なので半分ずつの負担で借りるのが落としどころとなるでしょう。

単独年収と融資可能額のギャップが大きい

ポイントになるのは、各々の単独年収（図5－7）の「パワー」と融資可能額の上限のギャップが大きいという点です。**夫婦双方にとって、現時点の自分の能力を超えた責任を負っているのです。**

100の重量の住宅ローンを組み、その後パートナーの収入がなくなったとしたら、収入は文字通り半減します。そうなると、たちまち返済の継続が難しくなるでしょう。また、今後収入が増えるといっても50が100になるまでにはかなりの年数を必要としますし、最終的にそこまで上がらないかもしれません。

50：50の夫婦が無理なく返済できる住宅ローンの金額とは？

つまり、**夫婦2人の融資可能額の上限まで借りないようにする**ことが、50：50の共働き夫婦特有のリスクに対する対策です。「融資可能額の上限がいくらなのか？」を判断するために、第4章で解説した「無理なく返済できる住宅ローン」の4つのルール（図4－1）を当てはめてみましょう。

例として、30歳の同い年共働き夫婦を前提に、年収ごとにこのルールを当てはめた住宅ローンの金額を表にしてみました（図5－8）。

例えば、夫30歳年収600万円、妻30歳年収600万円の共働き夫婦ならば、それぞれ3428万円が「無理なく返済できる住宅ローン」の金額ということになります。

そこで、30歳夫婦の合計年収1200万円という前提で表を見ると、8570万円

図5-8　夫30歳600万円と妻30歳600万円の「無理なく完済できる住宅ローン」

（単位：万円）

年収	月収	30歳
300万	15万	2,056
400万	20万	2,742
600万	25万	3,428
700万	30万	4,113
900万	35万	4,799
1,000万	40万	5,485
1,200万	50万	8,570

低リスク（3,428）
この中間に妥当な借入額がある（4,113〜5,485）
高リスク（8,570）

（注）年収に対する月収の金額は目安であり、厳密なものではありません。
（注）固定金利1.2%としました。
（注）定年退職の年齢は60歳としました。
（注）年収1,200万円は毎月の返済は手取り月収の５割以下、定年時のローン残高は2,000万円以下としています。

が「無理なく返済できる住宅ローン」の金額ということになります。倍以上になるのは、毎月の返済額の上限と定年時のローン残高の上限が年収１２００万円からは上方修正されるからです。夫婦１人１人で見ると過大評価であり、高過ぎるリスクです。それなら、まだ３４２８万円×２人＝６８５６万円とするほうが現実的ですね（図５－８）。

では、逆に低リスクにすればどうかという考えで住宅ローンの金額を考えると、３４２８万円になります。そもそも単独で無理なく返済できる住宅ローンを、あえて２人の共有名義で借りるのですから、これは石橋を叩き過ぎの住宅ローンの金額と言えます。

図5-9　高リスクの借り入れ

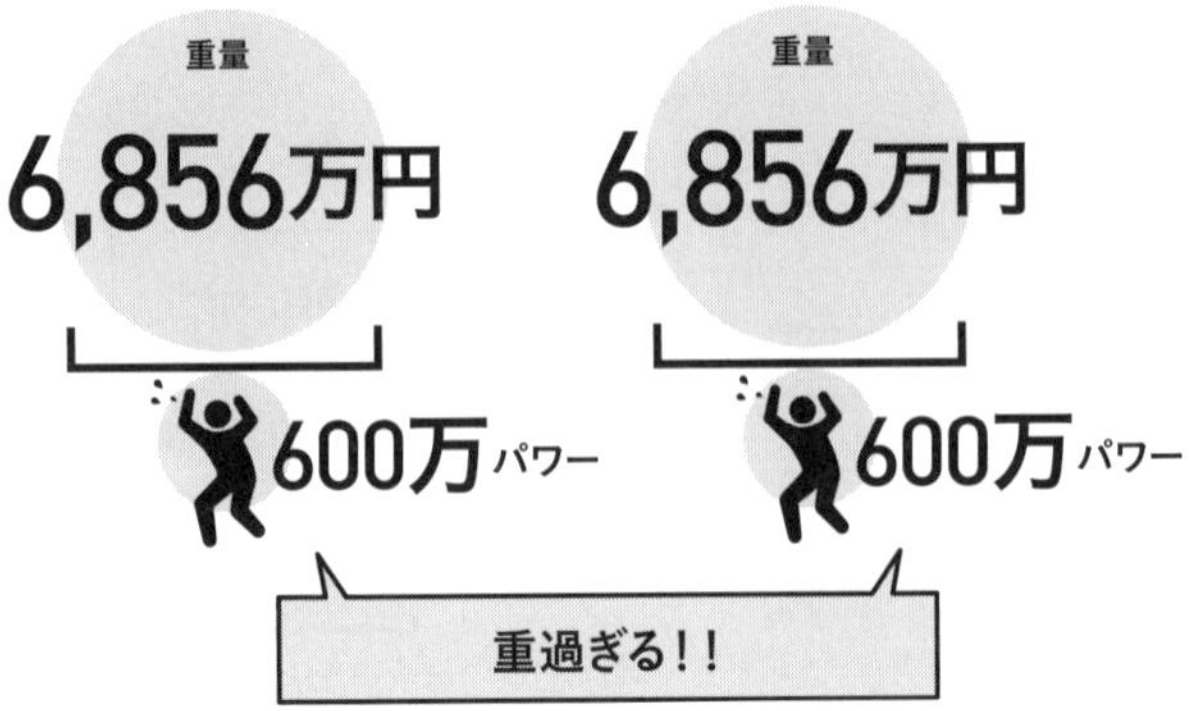

図5-10　低リスクの借り入れ

3428万円まで下げてしまうと、そもそも共有名義で住宅ローンを借りるメリット「多く借りられる」と「住宅ローン控除の上限が上がる」がなくなってしまいます。それなら夫婦のどちらか単独で借りたほうがいいのです。

つまり、この夫婦の場合「3428万円超、6856万円未満の間に妥当な住宅ローンの金額がある」ということになります。

さらに前述した、「オーバーローン」のリスクを減らすために10％以上の頭金を入れるようにすれば、安全な住宅ローンの金額の範囲が出てくるはずです。

安定収入と婚姻の継続は、当たり前の前提ではない

本章の最初に述べた「リスクの質量は同じだが傾向と対策が異なる」というのは、少し抽象的な表現ではありましたが、ここまで読んだ方には「なるほど」とわかっていただけたと思います。

しかし、いざ理想的な家やマンションを目の前にすると、判断が鈍ってしまうのです。「やっぱりほしい。なんとかなるんじゃないの？」という気がしてきます。もち

ろん、何とかなる場合だってあるかもしれません。しかし、それは結果論です。

夫婦共有名義での住宅ローンは「①夫婦両方の安定収入」「②婚姻の継続」という2つの大前提のもとに成り立っていますが、これは当たり前のものではなく、たゆまぬ努力と幸運のたまものです。

今夫婦である人たちは3分の1の確率で夫婦でなくなるリスクを負っているのです。

この2つの前提が崩れた場合のことを把握した上で、夫婦共有名義の住宅ローンを借りるようにしてください。

第6章

よくある質問「どっちが得か?」にプロが答えます

1 「変動金利」と「固定金利」、どっちが得か？

金利変動リスクに対する保険料として得か？

人生は選択の連続です。「家を買うか買わないか？」「どの家にするか？」「住宅ローンは？」というのも選択です。

この章では、これまでわたしが受けてきた相談の中でも、特に多くの人から聞かれる代表的な質問（「どっちが得か？」）に対する回答をまとめました。

「住宅ローンを変動金利にすべきか、固定金利にすべきか」、ほとんどの人が最後まで迷うポイントです。ここまで読まれた方は、かなり住宅ローンについて詳しくなっているはずですが、だからこそ、これを決定することの難しさをひしひしと感じていることでしょう。どういう側面から判断していくのかについて、前章までの内容を振り返りながら解説します。

まず「今後、変動金利が上がらなければ得?」というのは素人の考えであり、どこまで考えたとしても正解にたどり着けません。そこで、「金利変動リスクの保険料として得か?」という考え方で比較を行います（第3章）。その保険料が安いか高いかは、「%」ではなく「円」で判断します。

・金利変動リスク：金利が何パーセント上がったらいくら繰り上げ返済すべきか、という金額。
・保険料：変動金利と固定金利の「毎月の返済額」または「総支払額」の差額。

大事なのは、同じ尺度で比較するということです。**収入は円で入ってきて、住宅ローンの返済は円で払うため、「円」でそろえるのが合理的なのです。**

資産のリスクは？

繰り上げ返済をする資金が少ない人やマイホームを売りにくい状況の人、つまり資産にリスクがある人は、負債の面ではリスクをとらないこと（固定金利）をおすすめします。

金利が上がったときの対応としては、「繰り上げ返済」か「売却」です。

◆「繰り上げ返済」できる貯金があるか？

繰り上げ返済によって金利の上昇分をチャラにするには、それなりに多額の資金が必要です。

繰り上げ返済に必要な金額については第3章に借入金額ごとの表（114ページ図3-6、138ページ図3-16）を紹介しているので、これと現時点の貯金額、また将来貯められそうな貯金額を比較してみてください。

◆すぐ「売却」できない可能性もある

繰り上げ返済が難しい場合は、マイホームを売却するという選択肢があります。しかし売ろうと思ってすぐに売れるとは限りません。自分がほしいと思って買った物件が、必ずしも多くの人にとって魅力があるとは限らないからです。また、借地権の上に建つ物件については、売却はかなり難しくなります。

自分としてはほしい物件だけれども、客観的に考えて売りにくいだろうと思われるなら、金利面でリスクをとるのはおすすめしません。固定金利にしたほうがいいでしょう。また、家にこだわりがあり、「絶対にこの家を売りたくない」という想いが強い場合も、固定金利がおすすめです。

もう1つ注意が必要なのは、この物件を売却して住宅ローンを完済できるかどうかです。オーバーローンの場合には、金融機関が売却を承認してくれないことがあります（第5章）。頭金ゼロのフルローンを組む場合は、オーバーローンの可能性が上がります。そうなった場合には、完済するために高金利の借金をすることになり「泣きっ面に蜂」となってしまうため、やはり固定金利がおすすめです。

収入のリスクは？

収入の浮き沈みが激しい人や今後のキャリアでリスクをとっていきたい人は、支出面ではリスクをとらないこと（固定金利）をおすすめします。

転職や起業を考えるにあたり、うまくいけば収入が増えますが、失敗すればもちろん減ります。固定金利によって住宅ローンの支払額が固定されていれば、自分の収入が下がったとしても、「いくらまでなら継続できるか？」というラインが正確に計算できます。

これが変動金利の場合、収入が減ったのに金利が上がり、住宅ローンの負担が増えてしまうということがあります。

ただし、変動金利には5年ルールと125％ルールがあります。すぐに家計が続かなくなるということはありません。完済が難しくなるということです。「それならば売却すればいい」というメンタルがあれば、変動金利でも大丈夫でしょう。

20代や30代など、まだキャリアの方向性が柔軟な期間については固定金利がおすすめです。

40代や50代になると、これまでの積み重ねの答えが出る時期なので、上がるにしても下がるにしても想定できます。収入にリスクがなく、金利にリスクをとるなら変動金利ということになります。

最終決断で「外」に理由を求めないこと

変動金利か固定金利かを決めるまでのプロセスとして、まず変動金利と固定金利のリスクと、それに対する対策を完全に理解し、自分に当てはめることがポイントです。借入額が妥当な範囲内であればという前提付きですが、変動、固定、どちらでも返済できる計画が立てられるはずです。その段階までくると、「自分のポリシーに合ったリスクのとり方は変動、固定、どっちなのか？」、また、「どっちの選択がよりよい人生を生きられそうなのか？」への答えが出てくるはずです。

住宅ローンの決定は、自分の人生のデザインにも影響します。**人生の答えは自分の中にあります。最終決断するにあたっては、外に理由を求めないことです。**

2 「元利均等返済」と「元金均等返済」、どっちが得か？

住宅ローン控除を有効活用できていれば「全期間の損得」にほとんど差はない

元利均等返済は元本返済額と利息の合計を均等にする方法ですが、前半の頃は多くの元本が残っているので、毎月返済額のうち利息が大半を占め、元本は少しずつしか減りません。これに対して、元金均等返済はその名の通り、均等に元本が減っていきます。

同じ金利でシミュレーションすると、支払利息の面では元金均等返済のほうが利息の負担額は少なくなります。しかし、住宅ローン控除の面では最初の13年（または10年）は借入元本が多く残っているほうがたくさん控除してもらえるので、住宅ローン控除の恩恵をより多く受けられるのは元利均等返済のほうです。

図6-1　元利均等返済と元金均等返済の比較

	元利均等返済	元金均等返済
支払い利息の面	前半の元本が減るのが遅いので、利息負担が大きい。	前半から均等に元本が減っていくので、利息負担は少ない。
住宅ローン控除の面	前半の元本が減るのが遅いので、控除が多い。	前半から均等に元本が減っていくので、控除は少ない。

図６－１のように、両者で最も支払利息の差がつく前半において、**住宅ローン控除の効果で利息の差が相殺されるのです。したがって、住宅ローン控除の条件を満たしている人が、住宅ローン控除の上限（第２章）の範囲内で住宅ローンを借りる場合は、総支払額の面で有意な差にはならない**のです。

「固定金利」で借りる場合

「全期間の損得」ではほとんど差がないという前提で、「持続可能性」の面から両者を比較します。

・元利均等返済の場合：金利が固定されるので毎月の返済額が同じ金額で固定される。
・元金均等返済の場合：初回の返済額は元本と利息を

足した支払額は最大となる。その後、元本が少しずつ減っていくにしたがい、利息の金額が減っていくようになる。

元金均等返済は、初回の返済額が現在の自分にとって無理のない金額であるならば、その後はそれよりも減っていくので、後半の持続可能性にリスクの少ない返済計画となります。20～30代前半の人とっては、少子高齢化リスクが高くなる後半の支払いが楽になります。

また、40代後半～50代に住宅ローンをスタートする人は、今が収入のピークで、将来的には役職定年や再雇用によって後半の収入が減少することが予想される場合には、後半の支払いが楽になる元金均等返済がマッチします。

しかし、元利均等返済であっても、繰り上げ返済をすれば元金均等返済と同じように元本を減らすことができます。

一部繰り上げ返済はインターネットで手続きをすれば無料という銀行が多いです。つまり、元利均等返済を選択しても、元金均等返済と同じように後半の支払いを楽にすることができるので、結局のところほとんど差はありません。

図6-2　元利均等返済で金利が上がった場合

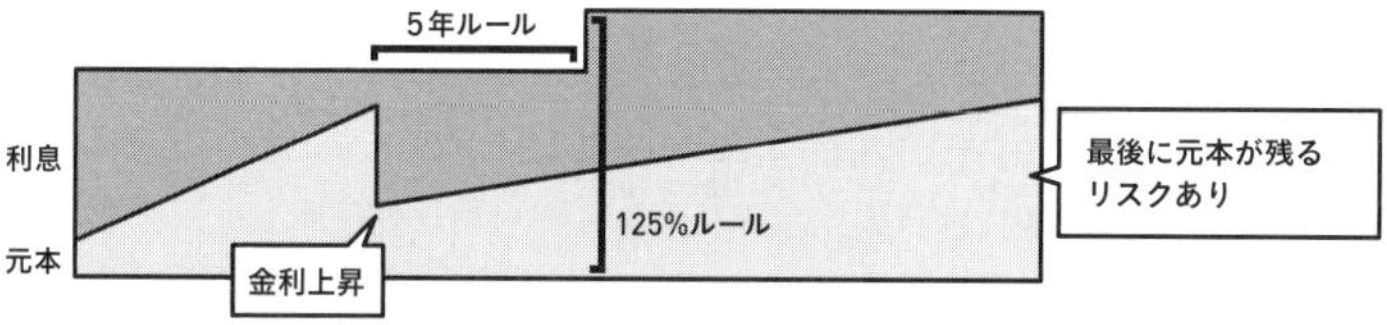

図6-3　元金均等返済で金利が上がった場合

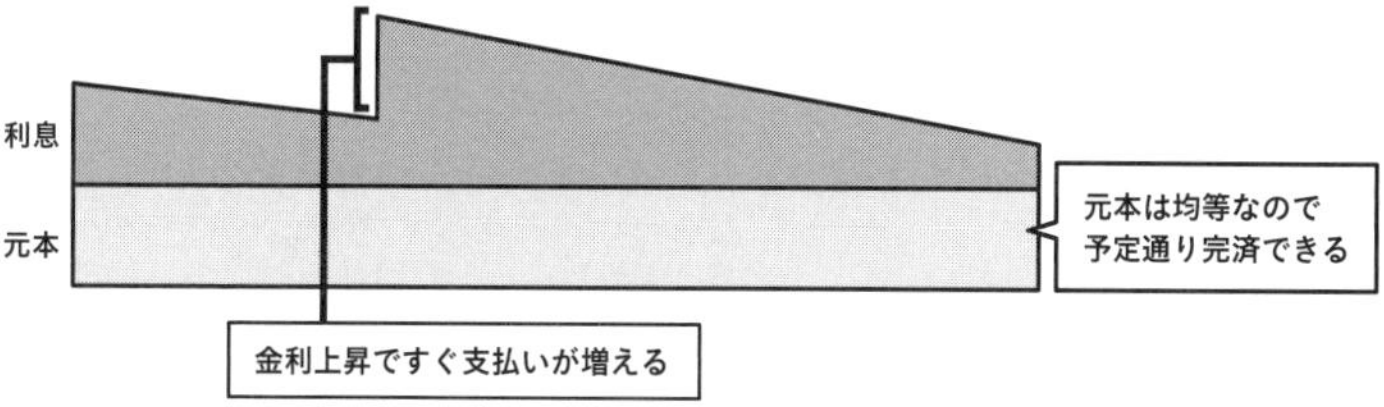

「変動金利」で借りる場合

変動金利の場合はかなり変わります。元利均等返済では5年ルールと125%ルールの適用がありますが、元金均等返済ではこのルールの適用がありません。それによって、変動金利のリスクに大きな違いが出てきます。

元利均等返済の場合は図6－2のように5年は支払額が増えませんし、上がったとしても125%が上限なので、現役時代の持続可能性はケアされています。しかし、**金利が上がっても元本返済額が減らないということなので、**

最後に完済できないリスクがあります（第3章）。

元金均等返済の場合は、図6－3のようにすぐ支払額も増えてしまうので、リアルタイムに家計の負担が増えます。あまりに支払いが増えると、住宅ローンの返済継続が危うくなります。

しかし、この支払いを継続できる限り、元本は同じペースで減ってくれるので、元利均等返済のように最後に元本が残ってしまうということはありません。

変動金利を選ぶ場合は、毎月の返済額にかなり余裕があり、金利上昇があったとしても返済を継続できる自信があれば元金均等返済も悪くないですね。しかし、そういうタイプの人は少数派でしょうから、一般的には元利均等返済をおすすめします。

3 「フルローン」と「頭金を入れる」、どっちが得か？

フルローンだとオーバーローンの期間が長くなる

インターネットなどで**「頭金ゼロのフルローンが得」と言われる理由は、住宅ローン控除があるから**です。現実的に、フルローンで住宅ローンを組むことはできますし、フルローンどころか、家を購入するのに必要となる購入手数料、住宅ローン手数料も借り入れることが可能です。ただし、必ずしもフルローンがお得とは限りません。

新築物件をフルローンで借りると、期間の前半はオーバーローン状態になる可能性が高くなります。オーバーローンの場合、売却代金で住宅ローンを完済できなくなります。

新築物件は引き渡しを受けた瞬間に中古物件になります。不動産の売却市場ではよ

図6-4　どこかの時点で家の市場価値が住宅ローンを上回る

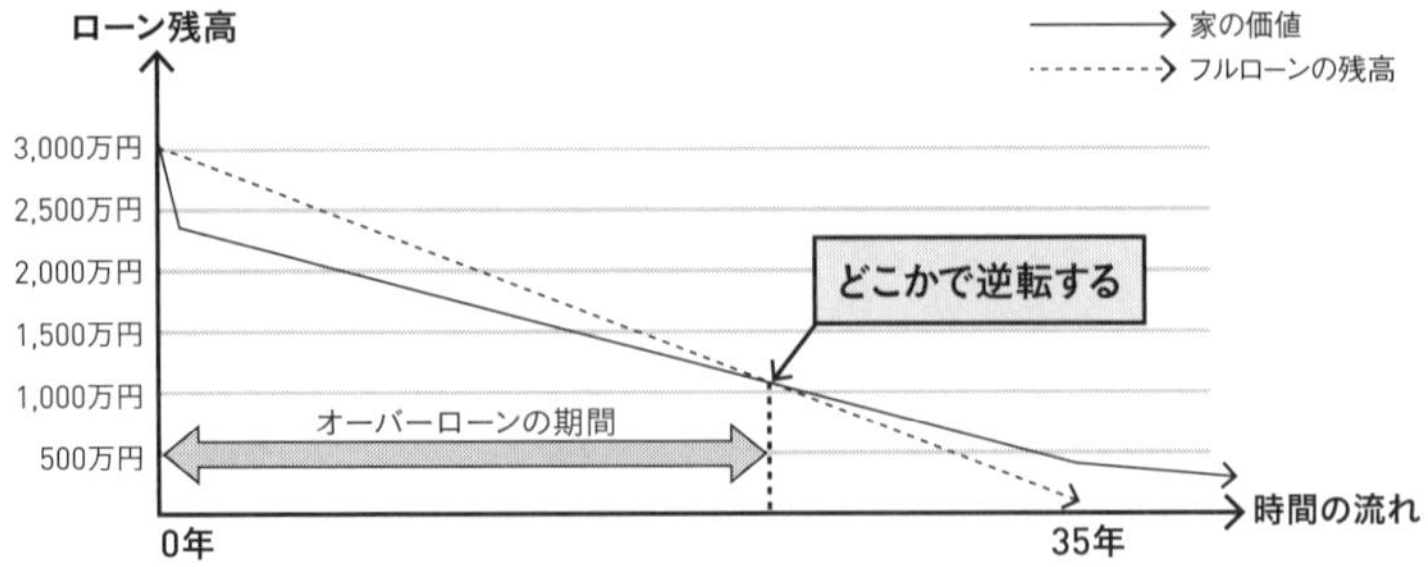

ほどの人気物件でない限りは、中古物件は2〜3割ほど下がるのが通常です。

住宅ローンはいずれ完済すればゼロ円となりますが、35年程度で家の価値はゼロにはなりません。そのため図6－4のように、どこかの時点で家の市場価値が住宅ローンを上回るのです。

毎月の返済が問題なくできているのであれば、オーバーローンになっても気にする必要はありません。ただ、その期間に住宅ローンの返済が難しくなったり、売却しなければならなくなったりした場合に困るのです。

対策として、頭金をいくらか入れておくことによって、住宅ローンのスタート位置を売却するときの物件価格に近いところに移動させることができます。

オーバーローンの期間を短くするには、1日でも早く、1円でも多く、繰り上げ返済をするのがいいということになります。その究極の形が「頭金」なのです。

住宅ローン控除の節税テクニック

頭金の究極の形は、キャッシュでの購入です。それが可能な方はこの本を読んでいないと思いますが、住宅ローンの金利が0・7％未満かそれ以上かによって、お得になる頭金の決め方が違ってくるのです。

☑お得になる頭金の決め方

・住宅ローンの金利0・7％未満：支払利息＜住宅ローン控除なので、住宅ローン控除の上限まで借りることで節税効果がある。
・住宅ローンの金利0・7％以上：支払利息＞住宅ローン控除なので、節税効果よりも借りる金額を少なくするほうがいい。

◆住宅ローンの金利が0・7%未満の場合は、住宅ローン控除を優先する

住宅ローンの金利が0・7%未満の場合には、自分の住宅ローン控除の上限を把握して、頭金として入れられるお金を入れずに温存しておくことをおすすめします。

住宅ローン控除の上限がたまたま物件価格以上になる場合は、頭金に入れるお金を持っていたとしても、あえてフルローンにしておくことで住宅ローン控除の恩恵を満額受けられるのです。そして、住宅ローン控除の期間はあえて繰り上げ返済もしないほうがお得となります。

これは、「自己資金がないからフルローンで住宅ローンを借りる」とか「家計に余裕がなくて繰り上げ返済ができない」というのとはまったく違います。**温存できるまとまった資金があれば、住宅ローンの返済で家計がピンチになるリスクも減りますし、この資金を比較的安全な債券投資などで運用することで増やすこともできます。**

◆住宅ローンの金利が0・7%以上の場合は頭金を優先するが、繰り上げ返済は慎重に

住宅ローンの金利が0・7%以上の場合は、あえて頭金の資金を貯金に回して住宅ローン控除を増やしたところで、それ以上に支払利息を払っているため、損になります。

1割くらいの頭金を入れることで、オーバーローンの期間を短縮しつつ、利息の支払いを少なくすることで支払額を節約することができます。

そして、繰り上げ返済については、住宅ローンの損得だけで考えれば、どんどん積極的にやったほうが得ということになりますが、**住宅ローン控除の期間については、あえて繰り上げ返済をせずに貯蓄を温存することをおすすめします。**

なぜなら、住宅ローンの金利はそもそも他の借金の金利に比べて、非常に安いからです。家を購入した直後には、一番お金が減ります。つまり、アクシデントに弱い期間です。繰り上げ返済をしたお金は返ってきません。まずは、家を買う前くらいまで貯金を戻すことを優先してください。

後半になるにしたがって、子どもの大学入学や親の介護費用など、想定外の出費が発生するリスクが高まってきます。どうしても繰り上げ返済をしたいのであれば、まずは第2章で解説した「定年時の住宅ローン残高」の貯金を達成し、かつ住宅ローン控除の期間が終わってからでも遅くはありません。

4
繰り上げ返済は「返済期間短縮型」と「返済額軽減型」、どっちが得か？

返済回数を減らすか？ 毎月返済額を減らすか？

返済期間短縮型は、次ページの図６－５のように、その後の毎月返済額を変えず、繰り上げ返済をした元本に応じて残りの返済回数を短縮する方式です。

返済額軽減型は図６－６のように、残りの回数を変えず、繰り上げ返済をした元本に応じてその後の毎月返済額を軽減する方式です。

どちらも、期限よりも前に元本を返済することで支払利息が軽減されますが、その効果に差があります。ケースバイケースで使い分けることをおすすめしています。

図6-5　返済期間短縮型

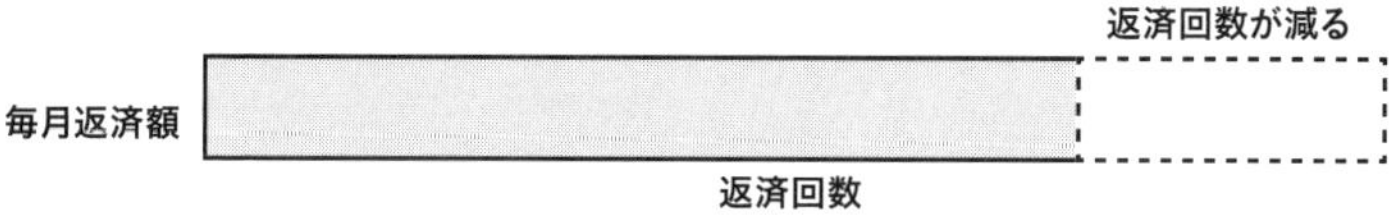

図6-6　返済額軽減型

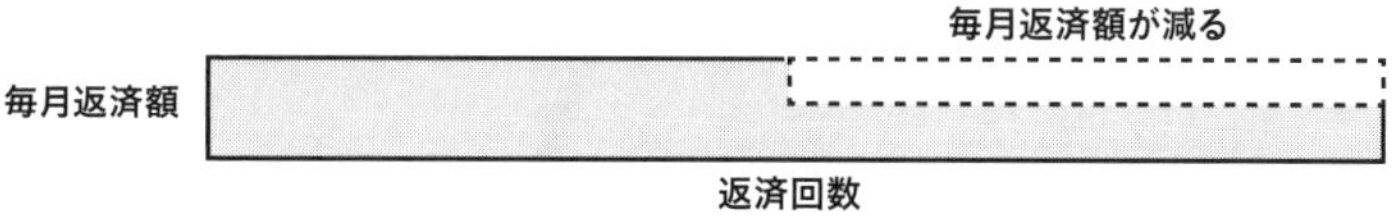

ケースバイケースの使い分け方法

第2章では、住宅ローンのシミュレーションで自分の定年時のローン残高を計算し、住宅ローン期間の前半（住宅ローン控除の期間）にその金額を目標として貯金することをおすすめしました。

◆「返済期間短縮型」は定年での完済を目指す人向け

図6－7は、そうして貯めた貯金を、返済期間短縮型で繰り上げ返済をする場合の住宅ローン残高推移をグラフにしたものです。

その後も毎月同じ金額を返済していくことで、定年時のローン残高を（わずかな誤差はありますが）概ねゼロにすることができます。

悪くない方法なのですが、注意点もあります。繰り

図6-7　返済期間短縮型で繰り上げ返済をした場合

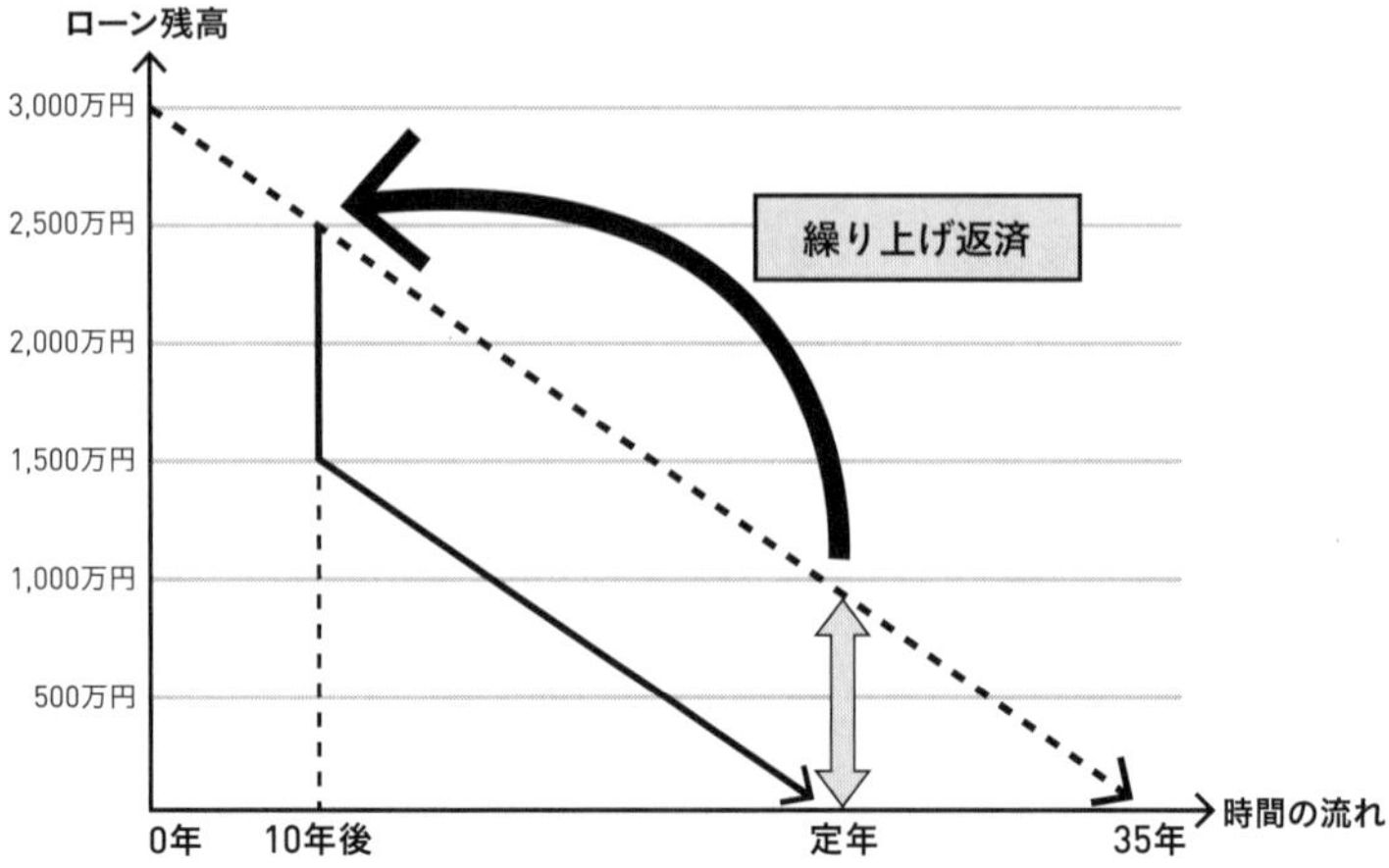

上げ返済によって、ひとたび返済期間を短縮すると、あとから返済が厳しくなってしまい、元の返済期間に戻したいと言っても「はいそうですか」とはなりません。

返済期間を延長していいかどうかは、金融機関であらためて審査して判断されることになります。期間短縮型で繰り上げ返済をするのは簡単にできますが、返済期間を延ばすのは難しいということを頭に入れておいてください。

返済期間短縮型を選択するのは、ほぼ完済というゴールが視野に入っていて、よほどのことがない限りは返済期間の延長は必要ないと判断したときです。

典型的な例として、**30〜40代に住宅ローンをスタートする人が、定年での完済に向けてラストスパートをかけるのが返済期間短縮型**と言えるでしょう。

そこまでの確信や見通しがない状態であっても、繰り上げ返済をすることで利息の負担を減らし、老後のリスクを減らす必要があります。そういうときにおすすめなのが返済額軽減型です。

◆「返済額軽減型」は定年後も住宅ローンを継続する人向け

図6－8は返済額軽減型で繰り上げ返済をしたときの住宅ローン残高推移をグラフにしたものです。繰り上げ返済後は、住宅ローン残高の減少角度がなだらかになっています。これは毎月の返済額が軽減されていることを意味します。

定年で住宅ローンはゼロ円にはなりませんが、かなり削減できているため、定年のときのハードルが下がります。想定外のアクシデントで十分な繰り上げ返済資金を貯められなかった場合でも、毎月の返済額を軽減することによって、年金収入でローンの返済を継続しつつ、老後生活を維持できる可能性が見えてきます。

50代から住宅ローンをスタートする人など、**定年後も住宅ローンの返済を継続する**

図6-8　返済額軽減型で繰り上げ返済した場合

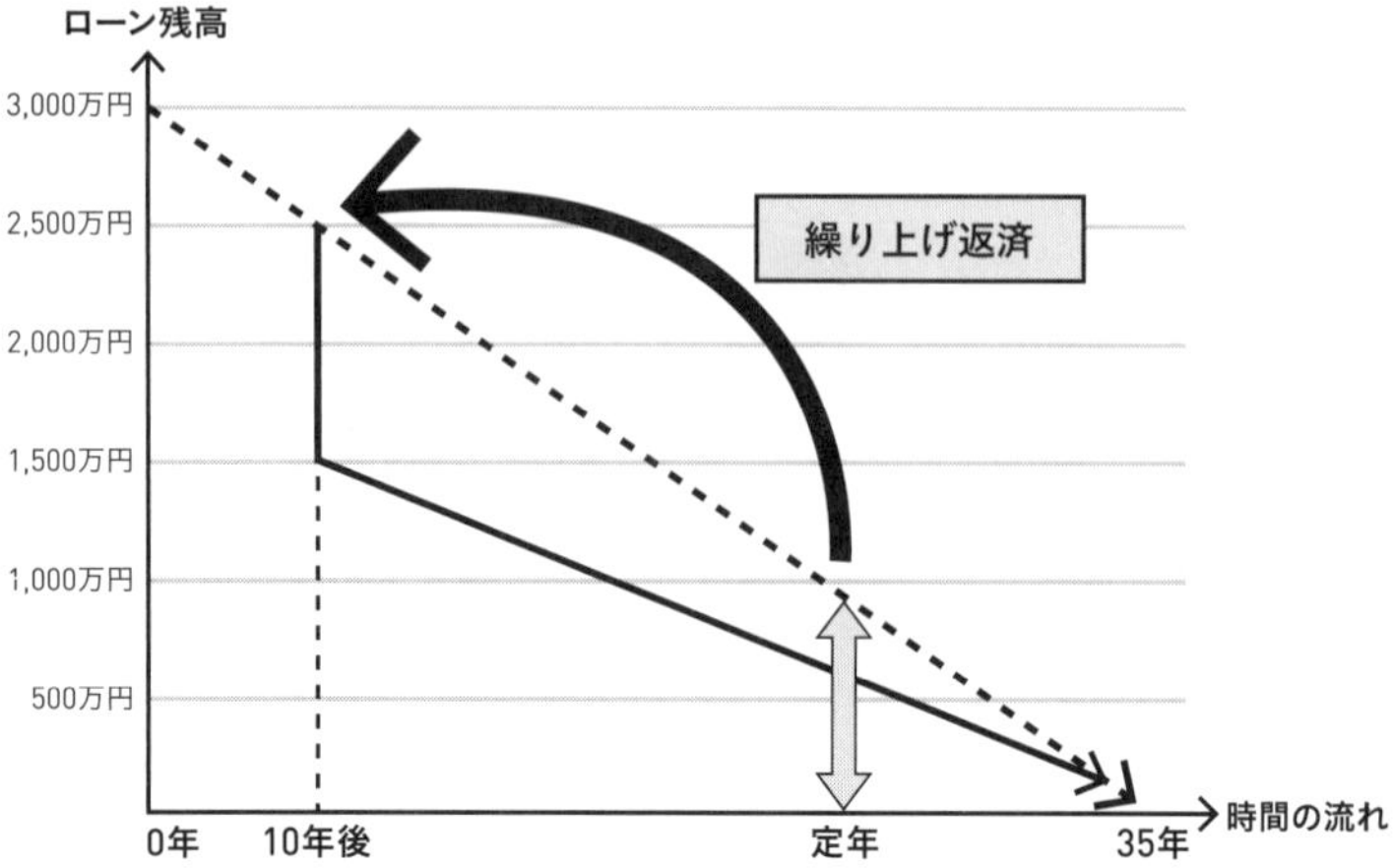

場合にマッチするのが返済額軽減型です。また、30~40代で住宅ローンをスタートした人すべてが定年までに完済できるとは限りません。定年後にも住宅ローンを継続する見込みとなった場合は返済額軽減型がおすすめです。

定年近くになって、無理な繰り上げ返済によって返済期間を短縮させようとすると、老後の持続可能性を危うくしてしまいます。年金収入でも支払いを継続できるレベルに毎月の返済額を減らすことが重要となるのです。

5 住み替えでは「売り先行」と「買い先行」、どっちが得か？

ダブルローンを返済できるかを審査をされる

住宅ローンが残っている状態で住み替えようとする場合、大きなネックになるのが審査です。

住宅ローンの審査では、今の住宅ローンの返済を継続しながら、新たに借りる住宅ローンの返済を継続できるかどうかを審査されます。つまり図6－9のように、「2つの住宅ローン（ダブルローン）を返済できるか」という審査になるのです。

もちろん、今住んでいる家は売りたいと思っていて、家が売れれば今の住宅ローンを完済し、その後は1つの住宅ローンを返済していきます。

しかし、現実にまだ売れていない状態では、「売りたいので今の住宅ローンはなく

図6-9　住宅ローンが残っている状態での民間銀行の審査

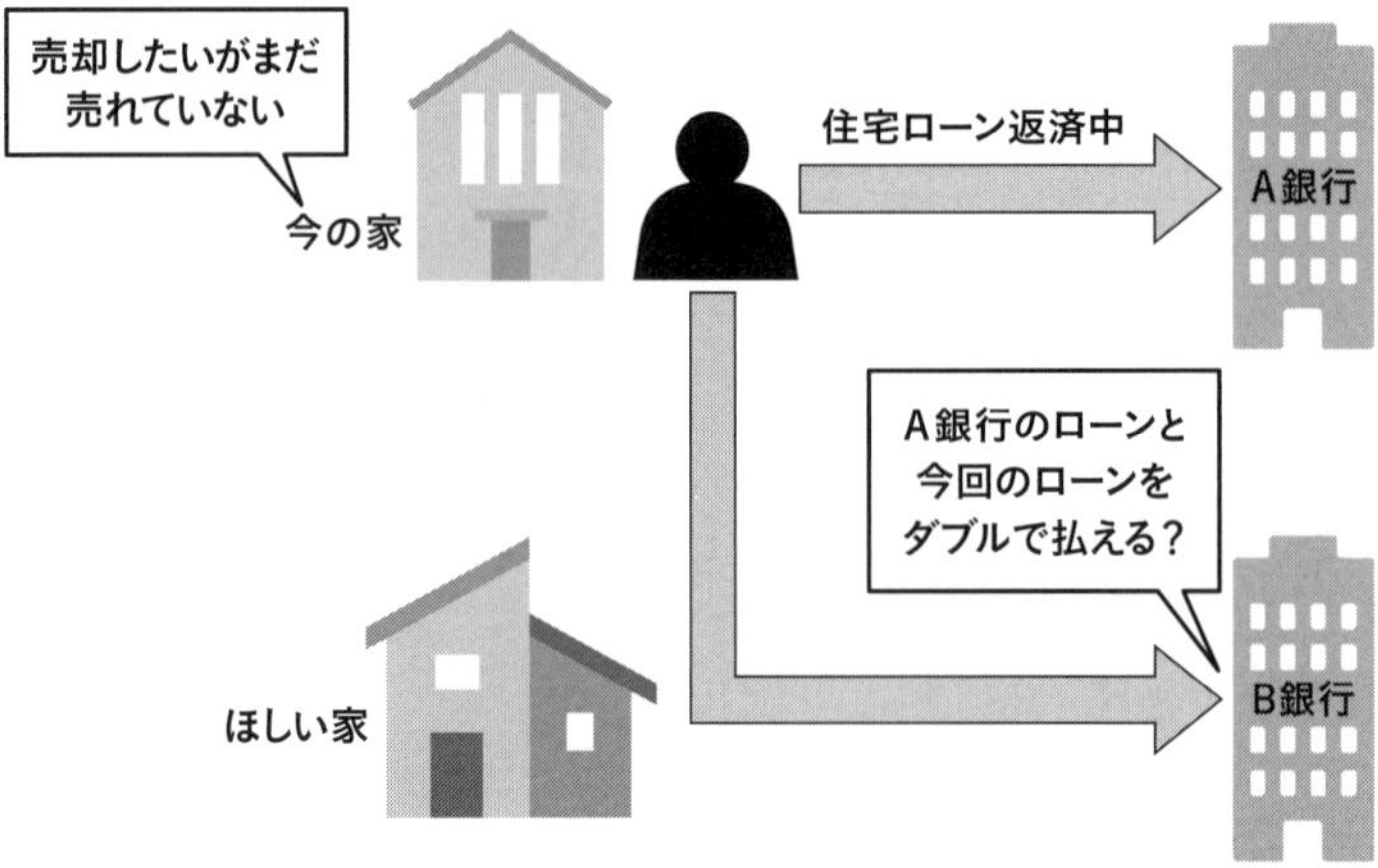

なる予定」ということを審査では加味してくれません。

売り先行が多い理由とそのデメリット

そのため、よほど収入が多くないと希望する金額は借りられません。

不動産会社に住み替えの相談をすると、「まずは今、住んでいる物件を売ってください。売却が決まったら急いで買い物件を探しましょう」と言われることが多いです。

今の家を先に売ると住宅ローンがゼロ円になるので、ほしい家の住宅ローンのお金を満額で借りられる可能性が上がります。その代わり、**「今の住まい→仮住まい→新居と2度の引っ越し」が必要**になります。敷金や礼金、引っ越し、家賃などの費用が2倍になりますし、郵便物の転送の届出などの手間も倍となります。

売りに出しながら買い物件を探すときの問題点

そのため、自分の物件を売りに出しながら、同時進行で買い物件を探し始める人が多いです。買いたい物件が見つかったタイミングで自分の物件も売れれば、2度引っ越しをする手間は省けます。

売り物件、買い物件の引き渡しのタイミングについては、契約さえしていれば交渉できることが多いです。ただし問題点は、**売れるまでは買えない**というシンプルな点にあります。

「売れるよりも先に住みたい家が見つかったら？」

どうしてもその家がほしければ、今の家を売り急ぐことになります。大手の仲介業者であれば、「買い取りを保証します」というサービスもありますが、これはかなり足許を見られた値段となります。

売却代金によって住宅ローンを完済できなければ、高金利のキャッシングで補填しなければならなくなります。この借金があることで新たな住宅ローンの融資枠が減ってしまい、希望額を借りられなくなるリスクも出てきます。

公的融資のフラット35ならば問題をクリアできる

①今の家に住みながら新居を妥協なく探し、じっくり価格交渉したい
②今の家を市場の相場で売却し、決して安売りはしたくない
③できれば引っ越しは今の家から新居への1回だけに抑えたい

これらの3つを可能とする住宅ローンとして、「フラット35」をおすすめします。

フラット35ならば、今の家を売却予定で当該住宅ローンを完済できることが確認できる場合には、今の住宅ローンはゼロ円だという扱いで審査を受けられるのです（図

図6-10　住宅ローンが残っている状態でのフラット35の審査

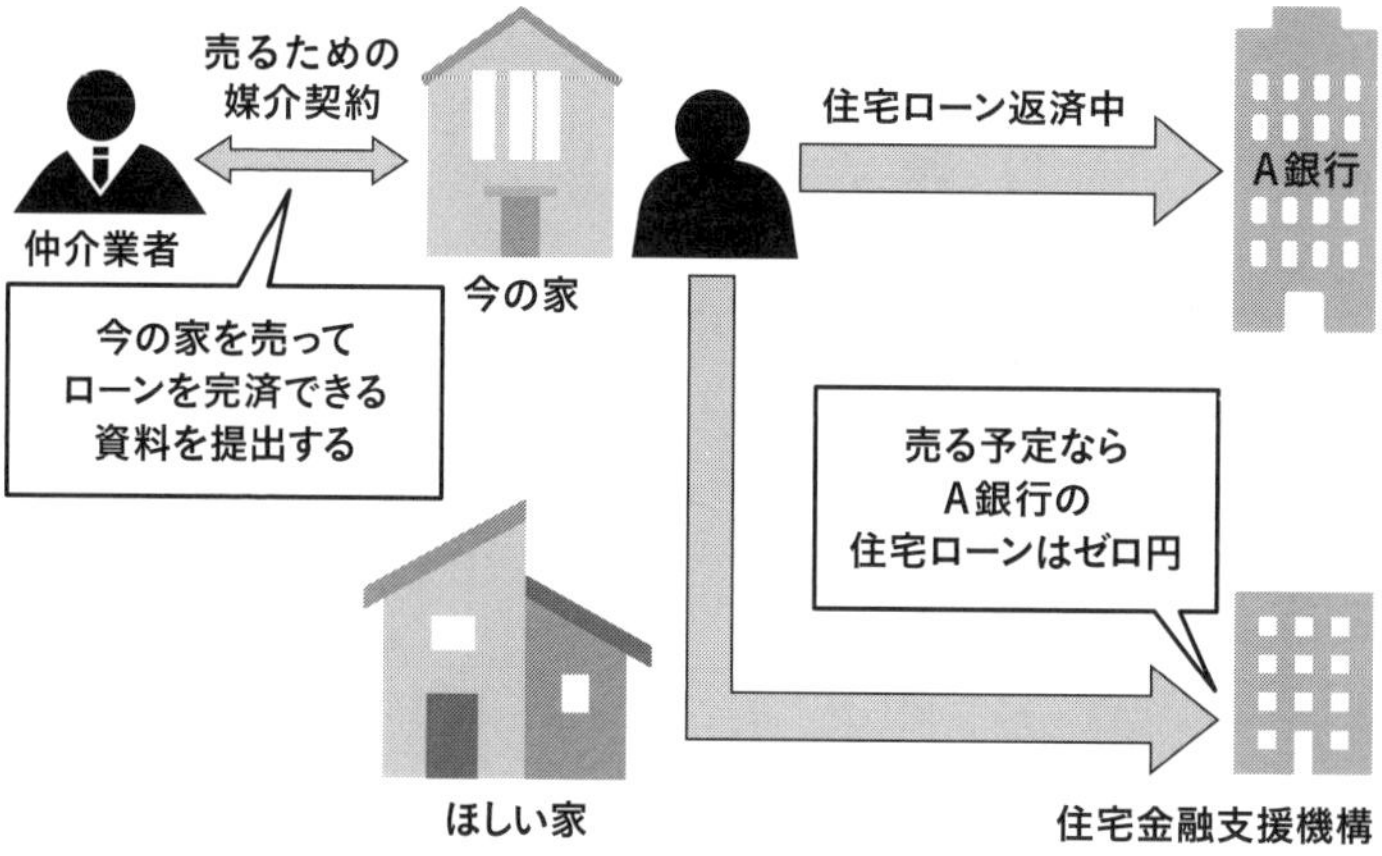

6-10）。

◆自分の家が売れてなくても、買い物件の価格交渉ができる

もしも、「自分の家を売らなければ新居を買えない」という前提であれば、まだ自分の家が売れていない段階では、価格交渉もやりにくいです。

価格交渉する際には、購入申込書に自分の購入希望額を書きます。これは、「この金額ならばわたしは買います」という意思表示です。売主の立場から考えてみてください。「家が売れなければ買えない」という人からそのように言われても、「いやいや本当に買えるようになってから来てよ」と思うはずです。

その点、**フラット35で審査を通していれば、自分の家が売れていなくても、「この金額ならば買います」と対等な立場から交渉できる**のです。

◆住み慣れた自分の家に住みながら、じっくり交渉できる

もしも売りが先行なら、仮住まいをしながらの家探しです。家が決まらない間は少し不便な、狭い、間に合わせの住まいに家賃を払いながらです。しかし、フラット35で審査を通しておけば、自分の家に住みながらの家探しが可能となります。

もし先の例で、「そんな値下げはしたくない！」などと言われても、「そうですか、じゃあ他を探しますね」と余裕で返すことができます。

毎月の支払いは家賃というコストではなく、住宅ローンの返済です。払った分だけ住宅ローンの残債が減るため、売れたときには残るお金が増えます。こうした交渉事で精神的に余裕があるというのは、何よりも強いのです。

◆選択肢が増えることで、自分の家を安売りせずにすむ

今の家を売るときの値段交渉でも有利です。

もしもいい物件があれば先に買うことができるため、あまりに強気な値引き交渉をしてくる人がいても突っぱねることができるからです。

売り先行しか選択肢がないという条件では、売らなければ新居を（事実上）買えないわけなので、相場以下での売却になりやすいです。

家の買い手としては、住宅ローンが通らないと強く出られず……。家の売り手としても、売り急いで足もとを見られる……。こんな状況になるのが一番損です。こうなるのは選択肢が1つしかないからです。

逆に、高く買ってくれる人が早くに現れたら、先に売ってもいいのです。そのため、**売り先行と買い先行、両方の選択肢があるという状態で住み替えに臨むのが一番得**なのです。

6 単身女性は「家を買ったほうがいい？」「やめておくべき？」

単身女性がマイホームを購入するメリットは？

最近、わたしのところにも、「女性が単身でマイホームを購入するにあたって、どのようなところに注意すればいいか？」といった相談が増えてきました。

安定収入のある女性が自分ひとりの名義で家を買うということは、特別難しいことではなくなってきています。しかし、マイホームを買う単身女性が増えてきたのは、ごく最近のことです。「わたしはこうして購入した」「購入してよかった」、または「失敗した」という人生の先輩によるロールモデルが少ないので、不安に思う人が多いのは確かです。

◆老後の不安を解消したいなら

これは女性に限らず、住環境に対する自分の理想を実現できるというのが大きな動機でしょう。今は低金利なので、賃貸よりも購入するほうが広い部屋に住めることが多いです。

また、中古物件をリノベーションして自分好みの部屋に住めるといったメリットもあります。

フルタイムで働く女性は男性と変わらない収入があるので、それが十分可能です。自分の満足のいく住空間を手に入れたい人にとって、購入はごく自然な選択なのです。

また、これからやってくる少子高齢化社会のリスクを減らすためでもありますし、自分で住まなくなる場合には投資資産にできるという側面もあります。

第4章でも詳しく書きましたが、賃貸は住居に関するリスクを老後に先送りする面があり、持ち家は収入のある現役時代に前倒しする側面があります。**「老後に家賃が払えなくなるのでは?」という不安**があるならば、女性に限らず購入するのが合理的な考え方です。

◆賃貸で家賃収入を得るという選択肢

単身者向けに利便性を重視した物件を購入すれば、将来結婚して自分が住まなくなった場合には、**賃貸して家賃収入を得るという選択肢**もあります。賃貸に住んで毎月支払う家賃は単なる費用ですが、持ち家でローン返済のリスクをとることで、資産を手にする可能性が生まれます。

ただし、賃貸にする時点で住宅ローンが残っている場合は、低金利の住宅ローンから高金利の事業性ローンに借り換える必要があります。しかし、**低金利の住宅ローンで元本返済を進めてきたことで利息の負担も減るので、最初から不動産投資のために買うよりも成功する確率が上がります。**

単身女性がマイホームを購入する際の注意点は？

単身女性が住宅ローンを組んでマイホームを購入する際、主な注意点は２つあります。

①女性特有のライフイベントに左右される
②住宅ローンの選択肢が狭くなることがある

◆①結婚、出産……女性特有のライフイベントに左右される

女性は結婚や出産等、ライフイベントに左右されやすい点があります。結婚した場合には売る、または賃貸するということも想定した物件選びが重要です。

もしも未婚のまま出産することになった場合は、産休、育休中にもローンの返済は続きます。それを見越して貯蓄を確保しておく必要があるので、**男性の単身者よりも貯蓄を厚くしておく必要があります。**

また、第1章でも詳しく書きましたが、住宅ローンの契約をしたからといって物件引き渡しのときに融資してくれる保証はありません。民間銀行の中には、出産のために一時的に収入が減ること、また、その後の復帰に確実性がないことから、**妊娠していることを理由として住宅ローンを融資しないというケースもあります。**

新しい生命の誕生は喜ばしいことですが、出産には生命のリスクを伴うことも忘れてはいけません。

◆② 雇用形態によって住宅ローンの選択肢が狭くなる

雇用形態によっては、審査に通る住宅ローンの商品が限定されてしまうことがあります。例えば非正規雇用やアルバイト勤務の場合、メガバンクなどでは審査以前の申し込み段階で落とされてしまうことがあります。

なお、公的融資のフラット35であれば、雇用形態のみを理由として審査に通らないということはありません。ただし、フラット35は長期固定金利のみの取り扱いです。

単身女性の住宅ローンで団信は必要か？

第4章でも詳しく述べましたが、団信（団体信用生命保険）は住宅ローンの債務者が死亡すると債権者に保険金が支払われるという仕組みの生命保険であり、債権者が確実に貸金を回収するための保険です。

しかし、債務者側にもメリットがあります。家を買う人たちの大半は夫婦世帯であり、収入の多いほうが住宅ローンの名義人になることが多いです。その場合に、大黒柱にもしものことがあっても、団信のおかげで住宅ローンがゼロ円になれば遺族が住居に困ることがありません。それならば、**扶養家族のいない単身者にとっては必ずしもメリットがあるとは言えない**と思っています。

その点、**フラット35は団信への加入が任意であり、団信に加入しない分、金利も引き下げとなる**のでおすすめします。

単身者にとっては、たとえ健康であっても自らの意思であえて団信に加入しないという選択肢があってもいいと思います。

第7章

知っておくべき
住宅ローンの審査の裏側と、
破産しないための方法

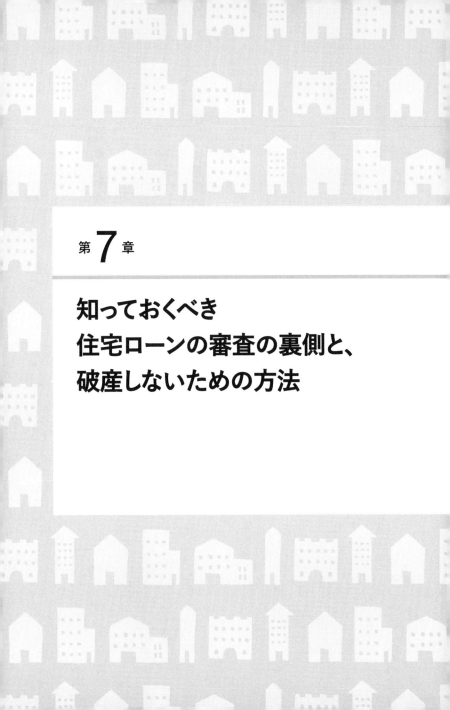

1 知られざる住宅ローンの審査の裏側

審査のウラ側を知れば怖くない！

他人から「この人はこの住宅ローンを返済できるのか？　できないのか？」を値踏みされる、住宅ローンの審査は嫌なものですよね。金融機関は、貸すか貸さないかを彼らのルールで一方的に判断し、結論のみを伝えてきますが、そのプロセスは厚いヴェールに覆われています。

審査に落ちた場合、その理由を教えてくれるわけではありませんし、通った場合も、なぜ通ったか、いくらまでなら通るのかも教えてはもらえません。**住宅ローンの審査は、金融機関内部の手続きであって、その結果以上のことを相手に教える必要はない**という理屈だからです。

この章では、「金融機関がどういう観点からわたしたちを審査しているのか?」を丸裸にします。これを知ることによって、審査を受ける際に感じる不快な気持ちを、いくらか緩和していただけたらと思います。

また、**金融機関がどんな要素を重視して審査しているかを知ることで、その対策が可能になります。**

住宅ローン審査の仕組みは意外とシンプル

金融機関がどんな審査をしているのか? これは絶対に外部に漏れないようにされていますが、その実態は意外と単純なものです。単純過ぎることを利用者に知られてしまったらマズいから秘密にするのでは? と思うほどです。

金融機関の審査の99%は、現時点における利用者の属性と対象となる物件の価格を独自のチェックリストに当てはめて、ガラガラポンと結論を出しているだけのことです。

そもそも、住宅ローンの計画を立てること自体が、人間の能力を超えているのです。

35年という長期の計画なんて、どんな高度な専門家であっても立てることはできません。つまり今、住宅ローンの審査をしている金融機関の担当者が、35年後のあなたの責任を取ることはありません。

この本でここまで解説してきた、「老後を生きられる住宅ローンの金額」を導き出すプロセスのほうが、はるかに高度なものです。

利息を儲けた上で元本を回収するという視点で審査する

わたしがこのように断言する理由は、金融機関の審査の視点が、「利息を儲けた上で元本を回収できるかどうか？」にあるからです。

わたしたちは住宅ローンを完済できても、その後に老後破産してしまったら意味がないと考えますが、金融機関の審査はそこまで想定しません。融資できる枠内であれば、1円でも多く融資したいと思っています。金利が同じであれば、融資金額が大きければ大きいほど、金融機関の収益（受取利息）が増えるからです。

住宅ローン控除が受けられる上限があること（第2章）や、オーバーローンを防止するために頭金を入れたほうがいい（第5章）などのことは、わたしたちのほうで注意して借り入れをセーブする必要があります。

金融機関が審査で重視していること

住宅ローンは不動産を担保にしてお金を借りる「借金」です。その返済は住居として使用する人の収入によって賄われます。そのため、本来的には2つの側面から審査がされます。

①借りる人の信用度と返済能力
②対象不動産の担保価値

どちらもある一定の水準を満たしていることが必要ですが、どちらかというと「①借りる人の信用度と返済能力」のほうが重要視されます。

銀行は、あくまで「利息」によって儲けたいのです。いくら担保となる不動産の価値が高く、確実に売却して貸金を回収できそうであっても、実際にそれを行うためのコストや手間を嫌います。

ですから、特に事前審査においては、「しっかり約定通りに返済してくれる人間なのか？」「約定通りに返済する能力（収入）が確保されているか？」、この2点を主にチェックしているのです。そのため、事前審査で入力した内容と本審査で明らかになった内容に大きな違いや間違いが目立つ場合は、本審査で落とされることがあるので注意が必要です。

では、金融機関の各審査項目について解説しましょう。

◆国籍

日本国籍であること、または永住許可・特別永住者であることを条件としている金融機関が多いです。

◆性別

女性よりも男性のほうが審査に通りやすい傾向があります。

◆借入時年齢と完済時年齢

ほぼすべての金融機関で、借入時の年齢制限と完済時の年齢制限を設定しています。特に完済時の年齢は80歳としている金融機関がほとんどですが、これは**団体信用生命保険（団信）に加入できる年齢が80歳までだから**です。

◆家族構成

配偶者や扶養家族のある人よりも、単身者のほうが厳しくチェックされる傾向があります。**単身者の場合は「自分が住む目的ではなく賃貸投資目的ではないか？」**という側面からも審査されます。

◆年収

多くの人が誤解しているのですが、年収が多ければ、または前年よりも増えていれば心象がいいとは限りません。**金融機関が重視するのは収入の安定性**です。3年間の年収を確認し、その間に著しい増減があった場合は、増えている場合であっても危険です。**急激に上がった収入は下がるのも一瞬だと受け取られる**からです。

また年収は、「その職業（勤め先）や勤続年齢に対して妥当かどうか？」という側面からもチェックされます。審査で提出されている年収が「今後も続く安定的なものか？」ということを重要視するのです。

◆所有資産

預金や有価証券、不動産などの所有資産も審査の上で加味される場合がありますが、担保として差し入れる以外はそれほど重要視されません。

◆返済負担率

「返済負担率＝年間返済総額／税込み年収」で算定される割合です。「安定収入とみなされた年収に対して年間返済額がどのくらいの負担になるか？」という目安です。年収によって段階的に設定されていることが多いです。

現時点で車のローンなど、住宅ローン以外の借り入れがある場合には、その年間返済額も返済負担率計算の分子に加算されます。「他の借金はできるだけ完済したほうがいい」と言われるのはこのためです。**審査に通りにくくなるのではなくて、借りられる融資枠が少なくなってしまうからです。**

ただし、だからといって先走ってあらゆる債務を一括返済してしまうのは逆効果になるため、注意してください。どういうことかというと、期限前完済を行うと個人信用情報に記録が残るのですが、同日に複数の完済登録がある場合は、「この人は多重債務者で、債務を一本化したのか？」と、住宅ローンのために意図的に債務整理をしたということで、逆に審査に通らないというリスクが出てきます。

ある程度の期間、前もって完済しておきたいところですが、**審査直前やその期間中に一括返済する場合は、事前に金融機関の担当者に相談してから行う**ことをおすすめします。

◆業種や雇用先の規模

公務員や医師、弁護士、公認会計士等や雇用先が大企業、優良企業であった場合は、審査上でさまざまな優遇があります。

また、**金利や融資手数料、保証料などの面で優遇**することもあります。

◆雇用形態

派遣社員は対象外、契約社員は対象外、自営業は対象外、などとする金融機関や住宅ローンの商品があります。フリーランスでサラリーマンの何倍も稼ぐ高収入の方もいますが、**金融機関が審査で重視するのは安定収入**だからです。

ただし、最近は派遣社員や契約社員であっても、その人が安定的な収入を継続できる見込みがあるかどうかを、勤め先以外の情報も含めて審査する金融機関が増えてきています。

◆**勤続年数**

勤続年数は3年以上と定めている金融機関が多いです。ただし、最近は転職していてもその前後で年収が減少しておらず、転職前後の勤務が連続していて、かつ通算勤続年数が1年以上ある場合は**連続勤務とみなす基準**を設けている金融機関が増えてきています。

メガバンクやネット銀行でも、転職して1年に満たない人でも低金利の住宅ローンを融資してもらえることがあります。

◆**融資率と担保評価**

「融資率＝融資額／物件評価額」で算定される割合で、マイホームの価格に対する住宅ローンの借入額（融資額）の割合です。頭金ゼロのフルローンの場合、融資率は100％になります。

新規借入の場合は融資率100％以内としている金融機関が最も多いです。これに対して**借り換えの場合は融資率200％以内**としている金融機関が最も多くなります。

これが意味するのは、金融機関内の審査基準として融資率200％以内という基準にしておかないと、現実的に借り換えの住宅ローン利用者を獲得することができないということです。冒頭でも少し触れましたが、担保評価はある程度は融資の判断に影響しますが、決定打となる要素ではありません。

そして同時に言えることは、**新築住宅で融資率100％であった場合、その後の物件評価額が下がって借り換えるときには物件評価額の2倍くらいの住宅ローン残高になっている人が現実に多くいる**ということです。

融資率100％で貸してくれる場合であっても、ある程度の頭金は入れたほうがいいですし、その後の住宅価格の相場も把握しておいたほうがいいでしょう。

◆カードローン等、他の債務の状況や返済履歴

個人信用情報、別名ブラックリストです。CICおよびJICC（主に割賦販売や

消費者ローン等のクレジット事業を営む企業を会員とする信用情報機関）や全銀協（主に銀行、信金、信組、農協など）が共有している信用情報です。

カードローンは、自分では意識せずに延滞してしまっているケースがあります。例えば、携帯の通話料の延滞をした場合は、本体の割賦代金の延滞になります。また、家賃の延滞は、通常は信用情報には関係しませんが、信販系の家賃保証会社を利用していた場合はＣＩＣに記録が残ります。

少しでも心当たりがあれば、情報開示してもらって内容を確認しておきましょう。**延滞情報はＣＩＣで5年間残ります**。ネガティブな情報が残っている間は審査結果や融資可能額にマイナスの影響があります。

延滞情報はその債務を全額完済したところで5年間は消えることはないので、じたばたしても仕方がないのです。

◆健康状態

民間の住宅ローンにおいては団体信用生命保険（団信）への加入が必須になっています。ほぼすべての民間金融機関で団信に加入できるだけの健康状態であることが条件になります。

ただし、公的融資のフラット35については、団信への加入は任意になっているので、健康状態を理由に住宅ローンを借りられないということはありません。

転職したばかりの審査対策

金融機関の審査では、安定収入があることを3年の年収の推移で確認します。これまでは、現在の職場で勤続3年に満たない場合は事前審査から落とされてしまうということが多かったのですが、最近の傾向としては、連続勤務とみなす基準を設けている金融機関が増えてきていることは前述の通りです。

また、職務経歴書を提出することで、現在の職場で今後安定的に継続して収入を得られる見込みかどうかを審査に反映してくれる金融機関もあります。

また、**公的融資のフラット35には、そもそも勤続年数の条件がありません**。転職後の勤務が1年に満たない場合でも融資可能です。

ただし、フラット35の借り入れには、前年度の収入を証明する書類が必要となります。

そこで、**転職後1年に満たない人は、勤務先に転職後1か月以上分の「転職後の収入を証明する書類」を作成してもらうことで、転職後の収入を考慮してもらう**のです。

例えば3か月の収入が100万円という証明書類があれば、1年に割り戻しすると400万円ということで、年収400万円という前提でフラット35の審査を受けられます。

自営業者の審査対策

自営業者の審査はサラリーマンよりもかなり厳しいです。

まず、サラリーマンは額面年収によって「返済負担率」を計算して融資可能額を計算するのですが、自営業の場合は所得によるのです。

所得とは、売上から経費を差し引いた金額です。**自営業者は税金対策で経費をたくさん計上しているケースが多いと思いますが、そうすると所得が少なくなり、住宅ローンを借りられる金額も減ってしまう**のです。

そのため、住宅ローンを借りる年度だけわざと所得を水増しししようとする人が出てきます。しかし、直前の1年だけ不自然に所得が増えたら、「この融資を受けるために粉飾決算しているのでは?」と疑われてしまいます。そうなると審査では落とされ、希望のマイホームは買えず、税金を余分に払っただけで損してしまうわけです。

自営業の場合も当然、安定収入があるかが重視されます。その安定性を判断するのに3年間の所得の証明書を提出するのです。

- 直近の確定申告書(収支内訳書、青色申告決算書を含む一式)の写しを3年分
- 直近の納税証明書(その1)(その2)を各3年分

ですから、**自営業で住宅ローンを借りる場合は3年前から準備が必要**なのです。

2

住宅ローンを返せなくなっても大丈夫な人と、破産してしまう人の違い

返済日に預金残高がない！　どうする？

ここまで、住宅ローンの借り方、返し方を解説してきました。最後にお伝えしたいのは、長い返済期間では、返済が困難になるケースも想定しておいたほうがいいということです。ここでは、そんな人生のピンチを切り抜ける方法についてお話しします。

まず、最もありがちで絶対にやってはいけないのが、借金を払うために借金を重ねることです。それこそ、多重債務への入り口です。

そもそも、住宅ローンの金利というのは、あらゆる借金の金利の中でもケタ違いに安いのです。年利1％未満の住宅ローンを返すために、また、一時的な面子を守るた

めに、どこかのサラ金から年利15％で借金するなんてまったく合理的ではありません。

次に紹介する3つが正しい対処とその手順です。とてもシンプルですが、これができないと多重債務に陥ってしまうのです。

① 遅れる前に債権者に連絡する
② 確実に払える日と金額を約束する
③ 約束した日に必ず払う

◆① 遅れる前に債権者に連絡する

返済が遅れた場合、多くの人は銀行への連絡を躊躇してしまいます。払えないことそのものがバツの悪いことですし、担当者から何か嫌みを言われるのではないか、などと想像すると気が重いです。しかし、この最初のためらいが、後々になって最悪の結果につながってしまいます。心の損切りが必要です。

返済が遅れた場合、銀行への連絡をためらってはいけません。とにかく早く「返済に遅れました（遅れそうなのです）が、どうすればいいでしょうか？」と電話をしてください。

◆② 確実に払える日と金額を約束する

自分が確実に何日に、いくらなら支払えるかを説明し、約束します。そして、今回は一部しか返済できない場合でも、確実に約束した返済を実行することが重要です。

◆③ 約束した日に必ず支払う

約束した返済日に約束した金額を確実に支払い、先方の対応を待つことになります。

「今月はこれで処理が終わりましたので、来月からは従来通りの返済をお願いします」

と言われれば、今回の返済遅れが延滞扱いにならなかったと考えられます。

しかし、「今後の返済に関してあらためて相談させていただきたいのですが……」

といったような形で言われると、返済の遅れが延滞扱いになったということです。

延滞扱いになるとＣＩＣなどの個人信用情報に5年間記載され、その間はクレジットカードが作れなくなるなどの影響が出ます。

◆返済が遅れても延滞にならないケースがある

原則として、住宅ローンの返済日に口座から引き落としができないと「延滞」となりますが、金融機関によっては1日〜1週間程度の支払いの遅れは延滞と見なさないこともあります。

銀行の営業現場では、貸し出しと返済が適正に行われているかを日次で照合し、確認していますが、1日〜数日までの遅れを延滞に含めると全体の延滞率が大幅に上昇してしまい、債権管理コストが跳ね上がります。そのため、数日までの遅れは単なる手続ミスと見なす慣行があるのです。

転ばぬ先の杖＝借り換えのススメ

「住宅ローンの支払いがキツイ……」という人から相談を受けることがありますが、高い金利の住宅ローンから借り換えていない人が多いですね。住宅ローンは借りたあとでも借り換えれば今の低金利が適用できますし、借り換えるメリットがあるなら現在の銀行に金利交渉して金利を下げてもらうこともできます。

借り換えとは、新たに借り換える金融機関で住宅ローンを借りて、その資金で現在の金融機関の住宅ローンを完済することです。そのため、借り換えるには通常の住宅ローンを借りるときと同じくらいの費用が必要になります。

冒頭の「借り換えメリット」があるとは、この借り換え費用を払っても、その後の利息が安くなるほうが大きいので、総支払額で少なくなるということです。**人によってはこの借り換えメリットが数百万円になることがあります。**

借り換えメリットを決める4つの要素

現在の金融機関で借りている金利から何パーセント下がれば借り換えメリットがあるか？　これは一言で言い切ることができません。借り換えメリットがあるかどうかは、次の4つの要素によって決まるからです。

☑ **借り換えメリットがあるかどうかの判断基準**

・借り換えにかかる費用：安いほど借り換えメリットが出やすい
・借り換え時のローン残高：多いほど借り換えメリットが出やすい

・借り換えから完済までの期間：長いほど借り換えメリットが出やすい
・金利の下がり幅：大きいほど借り換えメリットが出やすい

たまに「住宅ローンを借りたばかりだから、借り換えてもメリットはないと思います」と言う人がいますが、逆です。借りたばかりのタイミングはローン残高が大きく、完済までの期間が長いので、むしろ借り換えメリットが出やすいのです。

わたしのところに相談に来る人の中には、住宅ローンを借りてから1年後に借り換えることで100万円近い借り換えメリットを出したというケースもありました。

◆前払いした保証料は返金される

この借り換えメリットを計算するためには、借り換え費用を把握する必要があります。次の5つの項目が借り換えのタイミングで必要となる借り換え費用です。

☑借り換えのタイミングで必要となる借り換え費用

・現在の金融機関の一括返済手数料（3万円前後）
・借り換える金融機関の融資手数料または保証料（2％前後）

・印紙税（1万〜2万円）
・登録免許税（借り換え金額の0・4％）
・司法書士報酬

ここであまり知られていないのが、**現在の金融機関で保証料を前払いしている場合は、全額繰り上げ返済をすることで、残期間と残高に相当する金額が返金される**ということです。

何年でいくらの保証料が返金されるかは、銀行を通じて保証会社に問い合わせなければわかりませんが、概ね図7-1のような感じで前半に大きく減少します。

図7-1　前払いする保証料と返金の目安

借り入れ100万円、35年、元利均等返済で前払いする保証料20,610円（単位：円）

経過年数	1年後	2年後	3年後	4年後	5年後
返金額	18,675	17,060	15,489	14,042	12,709
経過年数	6年後	7年後	8年後	9年後	10年後
返金額	11,482	10,354	9,317	8,365	7,492
経過年数	11年後	12年後	13年後	14年後	15年後
返金額	6,691	5,958	5,288	4,676	4,118
経過年数	16年後	17年後	18年後	19年後	20年後
返金額	3,610	3,149	2,731	2,353	2,013
経過年数	21年後	22年後	23年後	24年後	25年後
返金額	1,707	1,434	1,191	976	767
経過年数	26年後	27年後	28年後	29年後	30年後
返金額	622	480	350	258	175
経過年数	31年後	32年後	33年後	34年後	35年後
返金額	110	61	27	7	0

例えば、100万円を35年元利均等返済で借りる場合に、差し入れる保証金は図7－1に当てはめると2万610円です。そして、10年経過後に借り換えて全額繰り上げ返済をしたとしたならば、7492円返金されるということですね。この保証料が返金されるのは、全額繰り上げ返済の翌月か翌々月です。

正確な保証料の返金額については、銀行の担当者もわからない（保証会社が別会社だから）ので聞かれないと言及しないことが多く、ほとんど無視されているのが現状です。

しかし、契約した銀行の支店に電話をかけて照会すれば、保証会社に問い合わせて教えてくれます。借り換えメリットを知りたいなら聞くべきなのですが、この教えてくれるということ自体をオープンにしていません。

それは、**銀行は借り換えられたら困るからです。自分にとって都合の悪いことはわざわざ公表しないわけ**です。しかし、この本を読んだあなたは、より正確に自分が借り換えるメリットを把握することができるはずです。

金利引き下げ交渉とは？

また、このようにして計算した結果、借り換えメリットがあると、現在の金融機関に対して、電話1本で金利引き下げ交渉ができます。交渉といっても、駆け引きなどありません。

契約した支店に電話して、担当者に「住宅ローンの金利の見直しをお願いします」と言うだけです。電話口で生年月日や住所などを聞かれて本人確認し、金融機関のほうでも借り換えメリットがあるかを計算します。1週間ほどで「○%ではどうでしょうか？」という回答が来るでしょう。

あくまで銀行が判断することなので、必ず下がるとは限りません。また下がったとしても、少しだけお得になるような金利となります。借り換えには面倒な手続きが必要なので、その労力も加味して条件を提示してくるのです。

金利の引き下げを行う場合にかかる費用は数万円の手数料と印紙代のみなので、思ったほど金利が下がらなかったとしても、現在の金融機関で借り続けるのも合理的な選択です。

返済条件変更交渉のススメ

自分としてはやるべき対策を十分にとっていたとしても、住宅ローンの返済が苦しくなることはあります。そうしたとき、生活資金をキャッシングなどで借りるのではなく、銀行に相談して返済条件を緩和してもらうのです。

金融機関が中小企業や住宅ローンの債務者に対して、円滑な資金供給や貸付条件の変更等に努めるべきことを定めた「中小企業金融円滑化法」という法律があります。

この法律は2013年3月末に期限を迎えましたが、この法律が施行されてから2019年度まで、住宅ローンの貸付条件の変更等の実行率は全体で8~9割という高い水準で推移してきています。

これは、**返済条件の緩和を申し出た住宅ローン債務者の8~9割がなんらかの条件変更をしてもらっている**ということです。弁護士や司法書士などの専門家に相談し、アドバイスを受けながら交渉することで、条件変更してもらえる確率はさらに上がるでしょう。

こうした交渉をせず、安易に生活資金（住宅ローンの返済資金）をキャッシングし

た選択の先には、多重債務地獄の入り口が口を開けて待っているのです。

任意売却のススメ

住宅ローンの返済が継続できないとなると、家を強制的に競売にかけられてしまうというイメージを持っている人がいます。しかし、そうなる前に銀行に条件緩和交渉するなど、できることはたくさんあります。

そもそも競売にかけられるケースというのは、債務者が失踪しているとか、刑務所に入っているとか、金融機関としても競売以外にやりようがないケースが多いのです。しかも、競売では市場価格を下回る金額で落札されるのが通常ですから、競売後の残債も多くなってしまうのです。

これに対して、自らの意思で売却する任意売却ならば、買い手さえつけば競売よりも高い金額で売却できることもあるため、残債を極力残さずに住宅を売却することができるのです。

売却代金は、第一順位の抵当権を設定した住宅ローンの返済に充てられることになりますが、金融機関との交渉によっては売却代金の中から引っ越し費用などを捻出してもらい、生活再建のきっかけを作れることもあります。

自己破産は最後の手段

一般的に、債務者に支払能力がある場合には、任意整理を選択する可能性が高くなります。任意整理とは、お金を借りた人（債務者）または依頼した法律家が、債権者と交渉することによって借金を減額するための手続きです。前述の返済条件変更交渉も任意整理の一形態です。

債務者の支払能力の低下に従って、「特定調停」「個人再生」「自己破産」の順に債務整理方法を検討します。裁判所が仲介に入るのが「任意整理」との違いです。つまり、公的な債務整理です。

◆特定調停

借金の返済が滞りつつある債務者の申し立てにより、簡易裁判所が、その債務者（借主）と債権者（貸主）との話し合いを仲裁し、返済条件の軽減等の合意が成立するよう働きかけ、債務者が借金を整理して生活を立て直せるよう支援する制度です。

特定調停の条件は、減額後の借金が3年程度で返済できる金額であり、継続して収入を得る見込みがある場合などです。

◆個人再生

住宅等の財産を維持したまま、大幅に減額された借金を、原則として3年間で分割して返済していくという手続きです。住宅を手放さずに住宅ローン以外の債務についてのみ整理することが可能となるのが、「住宅資金特別条項を定める個人再生手続き」です。

これによって債務がカットされるのは、原則として住宅ローン以外の借り入れであり、住宅ローンの残高や毎月の住宅ローン返済額は今まで通りです。住宅ローン以外の借金額が大きく、返済が困難となっているものの、住宅は所有し続けたい場合に有効な手続きです。

◆自己破産

あらゆる手を尽くした、最後の手段が自己破産です。これは裁判所に破産申立書を提出し、免責許可をもらうことで、養育費や税金などの非免責債権を除く、すべての借金をゼロにするという手続きです。

自己破産をすれば住宅は通常、競売にかかるので、住宅を手放さずに自己破産をするということはできませんが、競売後のローン残債の返済義務もなくなります。

この経済的な面だけを見て、債務整理の手続きの中で自己破産が最もよい方法だという専門家もいます。しかし、借金をまったく返済せずに解決できてしまうため、また借り入れを繰り返してしまうというケースが多々あるそうです。

まずは家計を見直して、支出に無駄なところはないかを検討し、他の債務整理の方法で借り入れの負担を減らして返済ができないかをよく考え、どうしても自己破産以外の方法では解決できないときの、最後の手段と考えてください。

おわりに　住宅ローンで後悔しないために

インターネット上には、住宅ローンを組んで家を買うこと自体への反対意見も多く、なかには住宅ローンを組むのを「バカなこと」などとバッサリ切り捨てる人もいます。わたしの立場は本書でも書いていますが、住宅ローンで家を買うことも賃貸もリスクの総量は同じであり、あくまでその配分が違うだけというものです。

・賃貸とは、生涯賃金とリスクを定年後に配分する戦略
・持ち家とは、生涯賃金とリスクを定年前に配分する戦略

そして、自分の人生をどうデザインするかは、自分自身が決めることです。それは自分の志向や人生観によって決まります。

こうした志向というのは、そう簡単に変わるものではありませんので、行ったり来たりすることがありません。互いが互いに対して厳しい目を向けがちなのですが、実のところ、それは単なる志向の違いでしかないのだと思います。

大事なことは、後になってから自分で「住宅ローンで家を買うなんて、バカなことはやめておけばよかった……」と、後悔しないようにすることです。しかし、資産のリスクと負債のリスクに対する知識を持たず、その対策をせずに購入すると後悔するかもしれません。

資産のリスクとは、マイホームの資産価値が下がることです。価値の下がらない家を買うための知識、物理的に家を失うリスクに対応するための知識が必要です。それについては、前著『家を買うときに「お金で損したくない人」が読む本』で主に解説しています。

負債のリスクは、住宅ローンのリスクです。言うまでもないことですが、本書のメインテーマです。

最後に、そんなわたしの本と出会ったあなたが、この2つのリスクを把握しコントロールすることで、マイホームと住宅ローンについて後悔しない選択を行い、ご家族と素敵な人生を歩まれることを祈っています。

2020年1月吉日

千日太郎

千日太郎（せんにち　たろう　本名：中村岳広）
オフィス千日（同）代表社員、公認会計士。1972年生まれ。神戸商科大学（現在の兵庫県立大学）卒業後、転職と無職時代を経て大阪の監査法人へ入社。「インターネットには住宅ローンについてのまともなサイトがない。だったら自分が書いてやろう!」という野心から、資格も名前も伏せてブロガー千日太郎として「千日のブログ　家と住宅ローンのはてな?に答える」を開始する。阪神・淡路大震災で住み慣れた家を失ったこと、自分が新築マンションを買った年にリーマンショックが起こった体験、加えて会計士として業界のマネジメントを知り尽くした上で編み出した独自のノウハウを出し惜しみなく公開すると反響に。翌年には「ダイヤモンド不動産研究所」で「千日の住宅ローンの正しい選び方」の連載を開始。その後、「価値ある情報は誰もが無料で入手できることでさらに価値を増殖させる」という信念のもと、一般の人からの相談を受け付け、回答をインターネットに公表する「千日の住宅ローン無料相談ドットコム」を始める。これも匿名ながら、たしかな分析力と的確なアドバイスに評価が集まり、日々読者からの相談が途絶えることがない。著書に『家を買うときに「お金で損したくない人」が読む本』（日本実業出版社）がある。

千日のブログ 家と住宅ローンのはてな?に答える
https://sennich.hatenablog.com/

千日の住宅ローン無料相談ドットコム
https://jutakuloan-muryousoudan.com/

住宅《じゅうたく》ローンで「絶対《ぜったい》に損《そん》したくない人《ひと》」が読《よ》む本《ほん》

2020年２月１日　初版発行
2022年２月10日　第６刷発行

著　者　千日太郎
発行者　杉本淳一

発行所　株式会社 日本実業出版社　東京都新宿区市谷本村町3-29　〒162-0845
編集部　☎03-3268-5651
営業部　☎03-3268-5161　振　替　00170-1-25349
https://www.njg.co.jp/

印刷／厚徳社　　製本／共栄社

ISBN 978-4-534-05753-2　Printed in JAPAN